老爸，去图书馆

周大彬　郑紫瑞　著

浙江工商大学出版社
ZHEJIANG GONGSHANG UNIVERSITY PRESS

图书在版编目(CIP)数据

老爸,去图书馆 / 周大彬,郑紫瑞著. —杭州:浙江
工商大学出版社,2019.1(2019.2重印)
 ISBN 978-7-5178-2916-4

 Ⅰ. ①老… Ⅱ. ①周… ②郑… Ⅲ. ①家庭教育—阅
读辅导 Ⅳ. ①G78

中国版本图书馆 CIP 数据核字(2018)第195195号

老爸,去图书馆
LAOBA, QU TUSHUGUAN

周大彬　郑紫瑞 著

出品人	鲍观明
策划编辑	沈 娴
责任编辑	刘 颖 沈 娴
封面设计	王妤驰
插画绘制	刘 伟 李玉兰
责任印制	包建辉
出版发行	浙江工商大学出版社
	(杭州市教工路198号　邮政编码310012)
	(E-mail:zjgsupress@163.com)
	(网址:http://www.zjgsupress.com)
	电话:0571-88904980,88831806(传真)
排　版	杭州朝曦图文设计有限公司
印　刷	杭州五象印务有限公司
开　本	889mm×1194mm　1/24
印　张	10.25
字　数	158千
版印次	2019年1月第1版　2019年2月第2次印刷
书　号	ISBN 978-7-5178-2916-4
定　价	36.00元

序

　　本书样稿是我2017年调往浙江图书馆工作以后，收到的第一封读者来函。写信者是一个小女孩的父亲。他希望我能为他和女儿的文集作个序，理由无他，只因父女俩都是浙图的读者，而我是馆长。信的文字不长，但词句温暖。语意殷殷，使人感动而无法拒绝。

　　他们来自浙南大山深处的庆元县，因为工作的关系，全家迁杭而居，并择浙图邻近而栖，闲暇往浙图阅书，俨然自家书房。逢双休日图书馆讲座，其必临，临则必坐首排。小女孩小小头脑，却也有所思、有所想，发笔为文，积页成集，洋洋洒洒，竟也可观。

　　人生的童年阶段，往往是懵懵懂懂的，也正因为懵懂，所以充满烂漫意趣，让人念想。家庭子女的每一段成长，父母都寄予着十分的欣喜，孩子们

天真的文字,家长比孩子们更为珍惜,不仅在于可读,更为留存一段时光,"可怜天下父母心"!

公共图书馆是任何人都可共享的知识空间,在信息化时代,学会使用图书馆、利用图书馆对人的一生受用无穷,此文的出版,就较好地说明了上述一切。写到此,我突然想起,没有介绍这对父女的名字,请阅读此文的读者切记,父亲名为周大彬,女儿郑紫瑞,祝这对可爱的父女,继续在浙图读书,继续出书,开心满满!智慧满满!

是为序。

浙江图书馆馆长　褚树青

2018年7月5日

文质彬彬　然后君子

2017年9月14日，我在新疆阿克苏支教，大彬老师给我发来一部书稿，嘱我做一篇序言。这部书比较特别，讲的是他的"大学"，这不是一般意义上的哪所"大学"，而是他从村小到庆元，到丽水，再到杭州，始终不曾离开的图书馆，而图书馆里的一场场讲座正是这所大学里的课程。我和大彬老师因讲座而相识，因讲座而相知，这篇序言之于我，义不容辞。

我和大彬老师的相识是缘于讲座。2015年春季在省委党校（文欣校区）有一场面向全省中小学校长的国学培训，大彬老师来探望参加培训的同学，顺便听了一场讲座，而这场讲座的主讲人正是我。

我和大彬老师的相知也是缘于讲座。2015年9月14日开始我在北山街38号杭州国画院美术馆主讲《论语》，每周一次的讲座，大彬老师总是坐在教室的第一排，周复一周，我们渐渐地熟悉起来。

这样算来，其实我和大彬老师认识也才三年，并且除了上课之外我们鲜有交集，然而，我却对大彬老师的生活轨迹、思想进程有着基本的了解，这是因为大彬老师有一种能力，他总是能够及时地把自己的生活、思想付诸文字，借助文字，可以更好地沟通。

有真感情才会有好文字，读了大彬老师的文字，你会感动于他对家乡、对孩子、对学习的深情。本书的第一篇文章《图书馆情结》作于2011年12月25日，这时大彬老师调到杭州工作只有四个月，可以说还没有立稳脚跟，他首先想到的不是自己如何尽快安家，而是家乡的孩子们，他感受到省城良好的学习氛围，惋惜的是家乡的孩子们不能和他一道分享精神粮食的大餐。在杭州生活的岁月里，他的所想、所说、所写、所做都紧紧地和家乡庆元联系在一起。在大彬老师的笔下，我们饮过了"白糖茶"，走过了"那桥那坝"，也知道了庆元图书馆旧泥墙的颜色是"灰中带点淡绿"……在图书馆里孜孜不倦的学习，促发了大彬老师深层次的思考，他意识到老家与杭州最大的差距在于文化底蕴，老家的那方山水，归根结底，最缺的不是经济发达，而是文化土层的堆积不够深、不够厚，所以大彬老师立即行动起来，2016年倡议成立了"先礼助学基金"。每年大年三十晚上先读《论语》然后发放奖学金，以这样的方式迎接新的一年，鼓励同村的孩子好好学习，以期从小在孩子们心中种下向往文化的种子，更期望这些种子若干年后能够长成参天大树。因为常坐在台下当听众，深知文化引路人的巨大能量，大彬老师又萌发了对家乡定向实施"文化引流"的想法，把文化高人请回庆元开讲座，将先进的学习理念引流到自己深爱的家乡。至今为止，文化引流项目已开设讲座十数场。"天之生此民也，使先知觉后知，使先觉觉后觉也"，大彬老师就像杭州与庆元之间的一根水管，默默地用自己的力量润泽着家乡。

大彬老师是一个爱学习的人，他的学习方法非常有意思，就是学了之后立刻去用。怎样学以致用？这是一个很宏大的议题。认识大彬老师、读了大彬老师的书，让我感慨良多、获益良多。记得我们刚认识的时候，我问他："听这么多讲座，有没有讲座是没有收获的？会不会有想站起来就走的？"其实我的本意是不用听这么多讲座，因为一两个小时往往只能讲解皮毛，很难展开相关学科的深度，听讲座太多反而会耽误学习的时间。当时大彬老师回答道："其实以我们的年纪以及水平，很多讲座坐下来听开场三分钟，大概就了解这个主讲人，他是一个什么水平。无论是什么样的情况，我很少或者说几乎没有站起来就走过。"他说这是对别人基本的尊重，既然坐在这里，来到这里，那就要坚持把讲座听完，既来之则安之。大彬老师的这段话带给我很大的震撼，我突然意识到自己的发问完全站在一己之私的立场，考量的只是自己的时间是否浪费，对自己有没有用处、有多大的用处？我竟丝毫没有考虑到别人。常常站在讲台上的我，这一次深深的羞愧了，从那个时候起就对大彬老师刮目相看。时至今日，当我反复品读他的书稿，对大彬老师的这段话又有了更深的感触。他的"父女作文PK赛""小作者网络直播""文学梦""一块钱稿费""大家的PK赛""百场讲座""期待全民写作日""能说会写，会生活""文化引流""博库网店筹款"，包括不遗余力地四处推荐我宣传我，和他能够体谅别人的初心是完全一致的。"夫仁者，己欲立而立人，己欲达而达人"，大彬老师学之后的用，是真正地推己及人，把学到的知识以及思想传播出去，给更多的人带来改变，这是由他仁厚的一念本心决定的。

《吕氏春秋》里说："君子所以学者，为能变化气质而已。"而"变化气质"是一个学以致用的过程，把外在的知识内化为自己的德行的过程，大彬老师的去"习"、去"行"就是这样的过程。大彬老师在本书里多次提到，他的生活中，有许多"奇迹"发生，一次次的"不可能"成为"可能"：比如在上济小学时，立项省教科院2000年度的省级科研课题；比如从乡村小学教师转行成为记者，又从丽水调到杭州工作；比如"父女作文PK赛"，3年PK了170个回合；比如"百场讲座"，一年半里就开展了24场……大彬老师将这些归因为"幸运"，因为幸运，他才能遇见如此多的意外惊喜和美好记忆。作为旁观者的我倒觉得，这些奇迹都指向大彬老师超强的行动力，人与人之所以拉开距离，就在于行动力。我常常在想，大彬老师超强行动力大多来自他的勤写吧。大彬老师比我略长几岁，他总是称我为"老师"，而我也同样恭敬地称他为"大彬老师"，诚如大彬老师所说，教育应该是一个双向良性的互动过程，我们的关系介于师友之间。除了以上提到的几点，他有太多值得我学习的地方，不仅值得学习，实话讲，我对他充满了羡慕，能够把思想转化为文字，让别人由此了解自己，也是一种幸福，然而这样的幸福不是一件易事，就像这篇序言，我一拖再拖。我把大彬老师的书稿反复读了多遍，然而，读别人的书稿容易，自己下笔写一个字也很难。当我们浏览、阅读的时候，很少需要思考，而写作则完全不同，更能促使自己思考。感谢大彬老师给我一个动笔的机会，让我再也无法偷懒，把自己的想法沉淀成文字。写作是快乐的，写作是痛苦的，当这篇序言写至此，我对大彬老师的敬佩之情又平添了几分。

"文质彬彬，然后君子"深于情、志于学、力于行的大彬老师得之矣！

厉大闯

2018年7月20日

自 序

这书，就是献给图书馆的。

因为相伴，因为感恩。

"老爸去图书馆了。听讲座，学习去了。"

"哦。"

这是我家最为常见的父女对话，在周末，或者是平时的晚上。话音落下，我推开家门离去。女儿，时常是坐在电脑前。

我这话里，实含有一些刻意的期待。期待，在简单的重复中，能在孩子的心间建立一个链接，一种指向，链接向图书馆，指向于学习。同时，期待能链接和指向更多人，于是，便有了这本书。

在当下互联网时代，不仅需要这样的链接和指向，更加需要链接和指向于宁静与平和、柔软与温暖。

我个人的视野与力量，是极为渺小和不足的，只能以亲历与自得，来倡导更多人"学而第一"，走进图书馆。有时，去一次便能影响一生，侄儿便有过这样神奇的经历。

回首，从村小到庆元，到丽水，再到杭州，始终不曾离开过的竟然是图书馆，当然，还有国画院、联谊中心小剧场等等。这是我的"天堂"，也是我的"大学"，还是我们家的"大书房"，更是我们的心灵家园。

《兑命》曰："念终始典于学。"顾大朋先生也曾这样教导我们。学习，我更喜欢并习惯于坐在第一排。同学吴志平说，坐在第一排的人，离讲台最近。

爱坐第一排的，不仅有我，还有妻女及诸多亲朋好友，这是相互影响与传递的结果。

来杭六周年，我始终坐在第一排，除了记下六本笔记，还写下诸多点滴心得，已相继出版《老爸，作文我不怕》《作文，我们都不怕》《作文PK，谁怕谁》《慢老爸，快女儿》《快女儿，慢老爸》等图书，若是加上此书，刚好是六本。此外，这厢听进来，那厢还讲出去，公益讲座也已超过五十场，其中首场便是在图书馆。

逢人便讲各种好，这是必需的。去图书馆，走走，看看，翻翻；听听，想想，写写。哪怕只是来个深呼吸，采点书香气，也真的很好。有意义的，当然得坚持。

图书馆，是我的，也是我们家的。如今来看，将"与浙图为邻"作为当初安家杭城的不二选择，还是明智的。

欣闻《中华人民共和国图书馆法》自2018年1月1日起实施。

回望，无倦，亦无憾。以此来纪念、感恩与铭记，于自己和他人，一点也不为过。

肤浅，也是必然的。

2017年9月13日

目 录

第一辑 相约图书馆

图书馆情结 3

把图书馆带回家 6

搭平台 10

"志愿"生活的收获 14

与浙图为邻 19

听者内清 24

大雪日小记 27

一次一生 31

寻道讲坛 35

学为"三知" 39

与钱无关 44

去或不去 48

1

传统与自然　53

"压舱瓷"　57

当绘画遇见音乐　60

仰止讲台　64

时下佳好　68

人多人少　70

想想，有味　74

一句足矣　77

大朋归来，乐乎　81

学两年小记　84

心中存人　87

茶海诵读　90

第二辑　生活哲思

大学之憾　95

有意义，试着做　100

靠近中医　105

诗意缘于简单　109

兴趣与职业　112

那些"不可能"的可能

　事　115

来来往往　119

人生两程　123

"觉悟"这里　127

听着，写着，老去　130

链接零碎　132

渐行渐远　136

第三辑 童言趣语

我的"志愿"生活 141

图书馆 143

"首发式"演讲稿 145

换 书 147

卖书——挑战自我 148

书香家庭竞选稿 150

无敌的我迷路了 152

图书委员竞聘稿 154

寻访好老师 155

感谢信 158

我的寒假从图书馆开始 160

我对图书馆的理解 162

读 书 164

第四辑 教育心得

"无声"的教育心得 167

映现时代 171

幸福的两天 175

别用阅读烦孩子 179

因乐而自觉 182

亲历,重要的 185

被逼着学习 190

我,顶多值一块钱 194

学之"怪圈" 198

春日一片叶 201

记桐庐荻浦村图书馆 205

这个年,有意义 209

文化引流 213

"文化引流"的几点
建议 217

微小首发 220

梦 想 223

后 记 225

第一辑　相约图书馆

大彬老师说——

与图书馆为邻，是世界上最美好的闲情趣事。

周末去图书馆，则是生命温暖的港湾与前行的动力。

图书馆是"城市之光"，像灯塔照亮着城市的边界。

一个城市的气质，只有弥漫的书香，

才是值得细细品味、值得反复咀嚼的。

图书馆情结

哪天是圣诞节？今天还是昨天？我至今没有搞明白，也不想搞明白，反正这个节在我脑中淡如水，只是知道有这么个词。如今社会这个洋节大流行，对此我不想做过多批判和计较，就看人怎么理解了，是"文化吞并"，还是"洋为中用"，还是其他？

不过，今天在浙图听孙立群先生讲座，他在讲述西晋史时引用龚自珍说的"亡国先亡其史"，倒让我对这个来势汹汹的"生蛋节"多了些许警觉。说不定，这些"蛋"在许多年以后，会生出更多的"蛋"来，漫山遍野的。

又到周末时，一个人在杭州，一到周五，寂寞的恐惧就会悄然袭来。只有离家独处，才能体会到家的温暖和宝贵，也才会增加对独处者的宽容和理解。

也就是在这期间，我突然明白，父亲在母亲离去以后，独自一人在家时，为何总喜欢骑着电瓶车到处串门，还引来无数非议。那是因为村里很多人都没经历过，所以无法理解。这也让我更加觉得，我们在过年时为他找个伴是对的。有个伴，在冬日里，至少还有一丝温暖。

早上步行20分钟，到附近的浙图看报纸和杂志，累了到门口转一圈，呼吸点新鲜空气，伸个懒腰。一个上午，一晃就过去了。还有就是每周的两个讲座，其中一个"文澜讲坛"坚持了10年，各路名家齐聚，孙立群、蒙曼、闾丘露薇等一大批上过央视的名人出现在讲台上，他们真是满腹经纶，水平高超。到这里，你才会知道自己的无知，有时，就连听众的提问，你也能明显感到他们的水准。我发自内心地感谢浙图帮我打发了独处时一个又一个的双休日。至于晚上，我就在办公室打发了，上网，再在空间写点感悟，回到家也不早了。

昨日下午在与应邀出席讲座的盛春美交流之时，我突然发现，自己这一路走来，还是很有图书馆情结的。无论是庆元图书馆还是丽水学院图书馆，我都曾是忠实读者，那里的报纸几乎都被我翻了个遍，特别是在庆元时，我还专门研究过新闻报道的格式。

前几天，我听到萨克斯曲《回家》，感到特别亲切，知道是要下课了，但想不起来这是哪里的下课铃。到昨天我才明白，这可是丽水学院的上下课铃声，我在丽水学院图书馆时经常听，所以很熟悉。

如果这样说来，图书馆这所"大学"，还真的让我学了不少东西。好像我的自考路，大部分就是在这里完成的吧。只可惜，我以前怎么就没发现呢！有些惭愧。甚至，在前几天，我还想，应该把以后的家安在浙图附近，那时就可以带上女儿，一起分享这种精神食粮，如果真的这样，那该多好啊！杭州图书馆就更好了，只可惜离我这里太远，我很佩服主办者"乞丐也可以进来，只要洗干净手"的勇气和包容，生活在杭州的孩子是幸福的。有时，我经常想，能在这里当个报纸管理员，应该是份很幸福的工作。

　　有对比，就有差距。想想老家的孩子，真是相差太远了。

2011 年 12 月 25 日

把图书馆带回家

写着,写着,就成了孤芳自赏式的自言自语,就连曾经有过的发表的冲动,也荡然无存了,这是很奇怪的。

如此,文章写来又有什么用呢?没用,也是肯定的,但依然如此为之,我也不知道为何,真的不知道。

这算是病态吧?简单记录,自我慰藉,聊度余生。至少这是真实的,我也是真实的,这是一种真实的存在状态,简洁明了,自由自在,任我畅快自言自语。

这算是理想国?定是自我的,与他人无关。人,既然活着,总得要有所好,有自我,有存在,有足迹。为了自己,顺带为他人。

写,如此。读,也这样。

这是呼吸，是灵魂的正常呼吸。

是的，我不仅自己与浙图为邻，还要把这么好的东西分享给所有认识的亲友，更要把浙图带给那个生我养我的小山村，带给家乡庆元的孩子们，让他们"学而第一"，精神丰润，内心绿满，而不是只知道关注钱、房、车。精神食粮是他们最缺的。

想到了，就要去做。我在 2017 年 4 月 4 日发出倡议：去浙江最偏远的"中国生态第一县"——庆元上堂公益课！

依托浙图，文化引智，造福家乡。在刚刚过去的 2017 年，东阳籍的张耀辉去了，黄岩籍的张良去了，杭师大的刘克敌去了，永康籍的朱飞军去了，在杭庆元人吴育红去了，此外，还有我和全省各地 11 个孩子的家长也去了。

此前，我们都去庆元了，但愿此后还有很多人去。这不，我在讲座中结识的龙泉实验小学练芬玲老师 1 月 20 日也将去了。

事实上，去偏远的庆元上公益课是需要勇气和情怀的，也并不是所有的人都乐意去做的，这也不要紧，只要有人去，或多或少，都会有一些启示与收益。

当然，文化的成效是无法言说的，也是无法用数据来体现的，更不是政绩，她是极为细缓的、漫长的、间接的，甚至是无法用时间与成效来印证的。但是大家都觉得，如此很有意义。

事实上，但凡是有意义的事情，明眼人都是乐意去做的，关键还是要有人来牵头实施和全力推动。

我还要把顾大朋先生在杭州国画院所教的，带回到自己的乡村里去，哪怕只是去挂一条横幅，带孩子们读一遍书，也一定要去。

努力试着，让大年三十晚上，到村里祠堂，读《论语》迎新年，成为我们村的一个文化习俗，一以贯之，以此来影响带动周边乡村崇尚学习的良好风气，这定能改变很多很多。

我们唯一能做的，就是从我所在的黄田镇双沈村下沈自然村开始做起，2017年春节成立了"先礼助学基金"并开展首次诵读活动。不想，仅百人的自然村，在2017年度，就有4人考上大学本科，分别被浙江农林大学、中国计量大学、长沙学院、浙江建设管理学院录取，这在往年是不常见的，当然，这也不能全算是诵读的成效，但是影响肯定是存在的，或多或少。

我一穷书生，有想法，又乐为，只是无奈手头紧，再说助学金，总不能每年都让发起人郑世飞先生来乐助，为此我常在心里犯愁。

不想，今年同村的沈丽军先生主动提出，愿以其妻四川久大盐业集团浙江分公司总经理汤信琴女士名义，乐助今年孩子们的助学金，同时，还早早购来龙灯。这真是场"及时雨"，相信往后还会有人接力。

"经典年年读，诗书代代传。"这是"2018年'先礼助学基金'发放仪式暨诵读《论语》活动"的主题词，时间定在了2018年2月15日（农历大年三十）晚7点。届时，将按既定环节进行：舞龙开场，楹联揭幕，净手接书，祭拜先贤，齐诵《论语》，现场演说，发放奖金。

与往年不同，今年助学对象由去年的限于"郑姓"扩展到下沈自然村"八队"，期待将来还能扩大些。

当然，读书始终是无门槛的。

我唯一能做的，除了组织好读书以外，便是给每位孩子赠送一册今年的新书，期望他们将来也能著书立说，自成一派。

力量，是极为有限的，只希望埋下个文化种子。2018年1月8日晚上，庆元县委宣传部还将给我颁奖——"书香人物"。我身在杭州，远离家乡，还在挤占家乡的荣誉，实在有些惭愧和不安，不敢也不配前去受领，于是便委托正在庆元实验小学上一年级的侄女郑凯月前去代领。

侄女一家人不仅曾经受益于浙图，以及我开展的讲座平台，如今也成为庆元新华书店讲座的忠实听众，可以说是文化引智的直接受益者，影响虽然极为细小，却也是春和景明。

我是个大老粗，生在中国，理当要为这个社会尽一份力，这是一种自愿乐为的奉献，当然，这对象不应局限于你、我，还是他，更不应囿于本职工作，因而更开放包容些。

这一切，在我看来，不只是感恩，而是实实在在的报国，尽管极微小。

2018年1月8日于杭州市曲荷巷18号

搭平台

"送给郑紫瑞小朋友：多写，多读吧；读书多么奇妙。"这是作家金旸2014年1月25日在杭州少年儿童图书馆送给女儿郑紫瑞的寄语，就题写在其作品《当魔法来找你》的扉页上。

相互赠书，发表感言，赠送签名……这场别开生面的"首发式"，人潮涌动，意义非凡，令人难忘。

年关临近，学校与杭少图相继举办两场"首发式"，尽管内容有些相似，观众却完全不同，效果和意义自然都非同一般。

这也是当初我们绝对没有想到的，我们的"父女作文PK赛"丛书，还能收获两场不同版本的"首发式"，收获无数的掌声和鼓励。欣喜之余，我非常感激学校与杭少图搭建并提供这样的免费平台，能让女儿一次次走到舞台中央，在一次次历练中不断地快乐成长。我心里很清楚，这样一个个不可多得的展示平台，绝对不是像我们这样的普通家庭能搭建和拥有的，必须借助集体的力量。

"特许你们的丛书进入图书馆，在年后将设专柜展示，并提供借阅。"

"年后将邀请你们父女上台，开设系列专题讲座。"

"年后将在图书馆大厅设专版海报，宣传展示你们父女的作文比赛故事。"

…………

有时，带着收获的幸福之火，一旦在不经意间被悄悄点燃，瞬间就能燃起熊熊大火。一切都来得那么的出人意料和不费功夫，更是那么的美好与动人。这让我们倍感欣慰，深受感动，深感知足。在心怀感恩之余，我动员女儿行动起来，特意给杭州少年儿童图书馆写了一封感谢信，并在1月26日傍晚时分，专程送到杭少图以表谢意。感谢是完全发自内心的，诚意十足，绝对没有丝毫的水分。当然，这也是在为孩子搭建一个锻炼的新平台，争取一次难得的练笔机会。

在马年即将到来之际，当我回望即将过去的这一年时，最明显的感受就是：自己的钱袋子越来越扁，而精神食粮却越来越充裕了。春节即将到来，往年这时候，我们早就闲着等过年了，但今年的我们却忙得不亦乐乎，一边准备"首发式"，一边记录点滴，这日子过得比往年任何时候都要充实、快乐得多。

　　"只要你写，便有精彩。"这是作家金旸在"首发式"结束后专题讲座时的标题。在我看来，这句话也特别适合我们。我始终坚信，只要我们坚持下去，将来一定会更加精彩。当然，付出是精彩的前提，眼前收获的一切，都是过去不断努力的结果。收获早已属于过去，一切都得从头再来。

　　人们常说，心有多大，舞台就有多大。但对于不谙世事的孩子们来说，幼小的心并不大，舞台自然也不大。为此，作为家长应当想方设法，为孩子寻找和搭建各种各样的舞台，将他们引领到舞台中央展示技艺，让他们在亲历中不断收获自信和快乐，为兴趣的长久保持提供全新动力。

　　曾记得浙江省昆剧团的昆剧表演艺术家、国家一级演员程伟兵这样说过，保护舞台是保护演员的"祖坟"。足见舞台对于一个演员的成长有多么的重要。同理，舞台对于一个孩子的成长也同样十分重要。孩子因年纪尚小，还不知道如何寻建适合自己的舞台，因此，就需要家长主动去搭建，甚至是刻意去寻找适合自己孩子的舞台。

　　回首我们这场"父女作文PK赛"，无非就是一个不断搭寻平台的过程。如果说前期的PK赛，只是在搭建一个家庭式自娱自乐小平台的话，那么当积累到一定程度以后，就开始寻建"首发式"这样的大平台以供展示，帮助孩子在不断肯定中逐步建立起信心和决心。也正是这样一次次不停的搭寻平台的过程，为孩子的不断前行提供源源不断的新动力。

　　让孩子在参与的过程中寻找舞台感觉，真切体会到成功的喜悦，然后，再将这些体验内化为一种动力，持续不断地推动孩子一步一步前行。这样一个搭寻平台的过程，就如喂养小鱼苗，当鱼儿长到一定程度以后，必须得适时进行分塘饲养，否则就有"翻塘"的危险。

网络、学校、图书馆等等，都是孩子展示和汲取养分的最佳平台。这些平台有些是显而易见的，而大部分是隐匿着的，不太容易被人们发现，或者说其应有的功能作用还有待于进一步深化挖掘。特别是一些是看起来习以为常的优质平台资源，更会被人们所忽视和忽略，特别需要家长用心去寻找和发现，有时甚至需要刻意争取。

在我们的"父女作文PK赛"过程中，无论是写一篇作文、一封感谢信、一篇演讲稿，还是举办一次"首发式"……其实，都是搭寻平台的过程，其中诸如"首发式"等平台，则是靠我们去寻找和争取而来的。

总之，寻建平台的根本目的，就在于不断制造动力，促使孩子把一个兴趣长久坚持下去。

2014 年 1 月 26 日于杭州

"志愿"生活的收获

　　我想只要是学生，大多数都是期盼暑假的吧。至少在我的学生时代以及后来的为人师期间，都是常想常盼暑假的到来。因为，暑假了，就自由了，能睡懒觉，不要做作业，还可以与玩伴上山下田疯玩……如此快乐的暑假，哪个学生不羡慕与神往？不过，这暑假才刚开始，想上学的念头又开始悄然滋长了。

　　如今，暑假还是那个暑假，只是我们的角色已经发生了巨大的转换与改变。昔日那群无忧无虑的学生，如今已经成为步履艰难的家长了。随着角色的转换，心态自然也就大不相同。

　　很遗憾，因为我没有主动和女儿交流，也就不知道像她这样一个三年级的孩子，对于暑假会有什么样的期待和想法。或许她们心里压根什么想法也没有。记忆中,我小时候似乎就是这样的,什么也不懂,就知道玩。不过,如今的孩子们更加习惯于"被暑假"——大部分都是由家长安排报名参加一个又一个培训班。

说心里话,孩子的暑假对于我家这样的外来家庭来说,一直以来是充满焦虑与不安的,甚至还有些许讨厌与畏惧。其实,自从孩子上幼儿园起,每年暑假的安排一直是一件很头痛的事情。老家的长辈们总有忙不完的农活,再搞个孩子给他们照料,还真有点儿于心不忍。去年暑假,我实在没办法了,只好将她送至千里之外的江西姑姑家。开始时女儿还算听话,到后来天天"大闹天宫",哭闹着要回家。

上个暑假的记忆还没淡去,这个暑假又如期而至。在居住周边没有太多玩伴,各种各样的培训班又不想送,最后,想来想去还是决定将她送往附近的杭州少儿图书馆,试着让她在那里寻找一个属于自己的暑期。对于这样的安排,女儿还是挺愿意的。因此,自从暑假一开始,除了每周一休馆,每天都让她乘公交车前去,早出晚归。这大热天的,再多给她点零花钱,连午饭也让她自己就近解决了。

说心里话,对于让孩子报名参加各种各样的培训班,我一直以来多少还是有些抵触的。因为,在我看来,社会上各种各样的培训班,还是以赚钱为主,无非是在简单机械地教授一些简单的基本技能,学习时间短,功利性又强。

说心里话,我最担心的还是会将孩子那颗灵动的心给学"死"了,甚至是固定和扭曲了,将原本就不多的灵气给悄然抹杀掉了,直至一干二净。灵气这种东西一旦失去了，就很难再找回来，也不可能修复回来，这就如同国宝一样，单一而不可复制，毁了就永远没了。就如眼下女儿乐于写些"乱七八糟"的东西，我想肯定要比送进作文培训班，按指定的"套路"写些命题作文要强得多吧。

教育孩子是个慢活、细活，需要有足够的耐心去等待，让孩子慢慢地长大。时下，或许是整个社会都太急躁了，以至于有太多的家长都急于求成，完全没有顾及孩子的身心成长规律与条件，只知道盲目花钱跟风。正是基于这样的想法，一直以来，我坚持除了给女儿选择报名参加公益性的培训以外，其他的教育机构一律免谈。至于她要学什么，到哪天孩子想学了，要学了，什么时候下决心去学，应该都不会迟。

至于今年这个暑假把女儿扔进图书馆会有些什么收获，说心里话，作为家长不敢也不想奢望，无非也就是让她能有个安全的去处，以至于不会太寂寞与孤单，更不会总是一个人宅在家里上网玩游戏。何况少儿图书馆有这么多书，还有各种各样的活动，想在里边做点什么，可由她自己安排与选择。我常想，能让孩子泡在图书馆里应该是一件非常好的事情。因为那儿毕竟是知识的殿堂，是学习的地方，软硬件设施也都很不错，整天泡在里面，即使是不想看书学习也难啊。这或许就是我一直想把家安在图书馆边上的原因吧。要是套用如今不少教育机构流行的说法，这应该也算得上是所谓的浸润式教育法。不过要按我说，前面还得要加上"自主"两个字——自主浸润式教育法，这样的叫法，对于我来说更加合适妥帖，值得提倡。

　　说起去图书馆当志愿者这件事，与已经做得津津有味的女儿相比，我反倒是有些惭愧和不安。其实，我是很早去报名了的，结果一直等通知，因此始终没有去行动。或许是受到我叫嚷着要去报名当志愿者的影响，原本没有报过名的女儿，反倒是在图书馆里认认真真地当起了志愿者，过上了她的"志愿"生活，每天回家乐呵呵的，一讲起当志愿者的经历，更是满脸的自豪与开心，而且还能明显感觉到第二天还想再去的强烈意愿。这个结果让我感到欣喜，因为无论如何，今年暑假女儿总算有地方去了。前几天，我特意找到图书馆老师沟通，由他们出面给女儿布置了一个任务，要她就暑假当志愿者的经历写一篇作文。

　　图书馆就是一个小社会，当一名志愿者应该能从中学到很多在书本与学校里无法学到的东西。这种东西是无法用语言表达出来的，甚至也是无法用眼睛看到的，当然，也与成绩高低无关。自从她开始过上"志愿"生活以后，我开始用心留意，细观其言行，再与过去做一番比较，还是从中发现了许多积极的因子，这或者就是所谓的收获与进步吧。

　　大前天傍晚，我不小心把家中的钥匙弄断在锁孔里，怎么弄也取不出来，无奈只好叫修锁师傅上门。上门修锁的是一个白胖小伙子，来家前不小心上错了隔壁的五楼，这样来回一折腾，到我家门口时，他早已气喘吁吁，汗流浃背。师傅在喝完我递上的一杯白开水后，立即开始低头修锁。在这过程中，女儿竟然主动走上前，先后分两次给满头大汗的师傅递上纸巾，而且当她发现对方擦完汗以后一直将纸巾捏在手心里，又主动送上了纸篓。显然，这是她站在一旁通过细心的观察，发现了修锁师傅的需求，才做出了这样的举动。

说心里话，她这次的表现与举动，着实让我感到意外和吃惊，当然也非常高兴。往常我可从没有见到过她对人如此的周到与贴心。不仅如此，最近我还发现，她在多个公共场合想要吐痰时，也开始自觉主动寻找垃圾桶或者卫生间了。

对于上述的行动和变化，我想应该要归功于她的"志愿"生活。我想，也只有在图书馆这样的公共大课堂里，才能学会留意别人的需求与感受，才会更加讲究个人卫生。当然，或许是我牵强了，想当然地将两者联系在了一起。但不管如何，女儿进步了，懂事了，这是事实。

作为家长的我，或许也只有这样来解读她的暑期"志愿"生活了。至于她内心世界真正又收获了些什么，又改变了什么，对于旁观者来说，那就不得而知了。不过，有一点可以肯定，那就是我能从她的字里行间，明显感觉到她帮助别人时获得的快乐与满足。

如此看来，教育也好，学习也罢，都是无处不在的。这就如同发现美一样，缺的不是美，而是善于发现美的眼睛。教育与学习，除了学校家庭，最好的课堂，不是花钱送去培训机构"恶补"，而应该是广阔的社会和丰富的生活。

2013年7月20日于杭州松木场河东

与浙图为邻

"如果有天堂，天堂应该是图书馆的模样。"阿根廷作家博尔赫斯如是说。

如果再让我来选择一次安家居所，我依然会百分之百坚定自己曾经的选择：与浙图为邻！与天堂为邻！

图书馆，便是我的大学！因为我从来没有上过大学，只是一个精神贫瘠的山里娃，中师毕业，懵懂工作。这一路走来，从庆元到丽水，再到杭州，图书馆始终相伴，从未远去，受益终身。

两年前，我坚定选择，安家曲荷巷，看中的便是距离浙图仅有十分钟的自行车程。自2011年举家来杭后，连听了整整六年的讲座，浙图带给我的精神福利，无穷无尽，值得铭记。

始终习惯，坚守在第一排，听着听着，即便老去，也是乐意的。今早，匆忙前去，场地空荡荡的。原来，自己粗心看错了时间，提早半小时到场。

早点到才好，能静坐一小会儿，看看窗外，不想小笋已成竹，初夏已临。

在城里待久了，五谷不分，四季不知，想要不变傻也难啊。刹那间，又闪出那个念头，应着手将与浙图的点滴整理出来，以"与浙图为邻"为书名出本集子。

静坐有小感，随手发个微信。

"说真的，无比羡慕！"好友胡丽萍看到后立即留言。

"换房，移师。"我回复道。

暗喜，如今看来，我的安居选择是对的，至少还能令人羡慕。

其实，人人都可以如此。期待有一天，图书馆的周边能成为一座城市房价的最高点。这又将会是一个什么样的时代？

如今，又是怎样的一个时代？

"如今大学生读书，已不过百页。"今日（2017年5月14日）上午，主讲人，杭州师范大学刘克敌教授如是说。他一个文学博士，主讲"文人交往与日常生活"，角度不同寻常。

在我个人看来，他的这个讲座与真实的生命贴合得特别近，因而听来相当亲切，也相当受益。可不是所有学者都敢选择这样一个贴近真实生命的低角度来分享，这是需要有底气的。

"我只选择给大三的学生上课。如今的大一、大二，已很少有学生在认真听课了，都是低头玩手机。他们从小学到高中，被管过度了，一到大学就放开了。"

"现在孩子是运动员，家长是投资人，所有孩子都统一硬塞进桶里，一心想送到名校。这肯定是有问题的，本末倒置。"昨日（2017年5月13日）上午，在浙图主讲的著名作家梁晓声这样说。

抢不到第一排，我远远坐着，看着。这是一个看着极为朴素的老头，68岁，拎着个灰布袋，毫不起眼。若他走在大街上的人群中，肯定谁也不会知道他是个辉煌的存在。他主讲的是"阅读的力量"，然而讲着讲着却谈到有关教育的种种亲历。

"我希望孩子工作以后，至少将来买得起房子。"一位家长面对梁晓声先生"你对孩子的期许是什么？"的互动时，当众这样回答道。

"你到底要孩子怎样？！"梁晓声先生的质问，发人深省。"我们只不过是受过教育的普通人。"

就我个人看来，这是一个高房价后遗症高发的特殊时代，也是城市化进程中孤独感特别突出的城市化时代，更是一个生命极为脆弱和人心隔阂的网络化时代。

"距离感的消失是对诗情画意的伤害。"刘克敌先生这点分析特别在理。

的确，这是一个让距离美荡然无存的声像时代。被挤走一份美，自然会多一份丑。同时，任何背离生命的追求，皆是一场悲剧。

钱！一旦成为时代的主流追求，注定是要悲剧迭出的。也就在今天听课之时，突闻妻子的发小自沉瓯江，抛下正上初一的儿子，孤苦伶仃，还有健在的双亲。能下如此狠心，足见活着有多难。这也印证，在这个时代，好好活着有多难！

一个鲜活却普通的生命意外离去，向来都是可有可无的，也是无足轻重的，唤醒功劳更是微乎其微，多半只会成为茶余饭后的谈资。

任何时代，都是会"吃人"的，要想不被"吃"，随时都是可以自我了结的。王国维先生便是如此，他一生屡遭失去亲人之痛，最终选择自我了结。

"我要去浙图。浙图，是我的大学。"我说。傍晚，骑着电瓶车送女儿去医院补铁，路过浙大玉泉校区门口。

"浙图，是你的医院！专治脑残。"身后的女儿开玩笑说。

是的，浙图是我的医院，是一所能让我好好活下去的免费医院。

"能发现诗意的种子，并最终付诸创作。""工作就是生活，反之亦然。"刘克敌先生是这样看文人的。

文人，是什么人？我想，那是一些还会有梦想的普通人。

"中国人多，什么都一堆一堆的，画家、书法家等等多如牛毛，能成功的概率为百分之零点零(N个零)的人。我们都只是受过教育的普通人！"梁晓声先生如是说。他还说，"幸福标准是有自主的静好时光"，"生活的安全观"。

如此看来，图书馆不仅是我的大学，还是我的精神医院，而台上的那些人便是我的老师、我的医生，尽管彼此素不相识，照面之后，匆匆离去，却影响悠远不凡。

"孩子，你读书过百页吗？"我问女儿，她一脸茫然。"记住了，以后你上了大学，你只要能读书过百页，便很优秀了。"我笑着说。

与图书馆为邻的，肯定不会只有我，应该还有很多。

2017年5月14日于杭州市曲荷巷18号

听者内清

台下，台下。

终始，浙图——我的周末。学而不厌，以学促讲，悠缓前行。

美国视听教育家戴尔1946年在《视听教学法》中曾提出一个学习金字塔，认为平均学习的保持率，即两周后能记住多少，是"马上应用或教别人"的效果最好，能记住90%。足见这"习""用"有多重要。

一个讲台，一个浙图，成就一批人，这与台下人多人少无关。这些年来，我不仅自己在浙图有收获，同时也目睹了他人的成长进步。不说别的，就说浙图讲坛的几个工作人员的成长，就很有说服力。文澜讲坛的主持人单骅便是其中一个，大家都亲切地称她"小单"，经过几年实践，她如今在台上已越发老练自如，并成为亲子阅读推广的主讲人。此外，还有负责组织朗诵团的谢贝妮老师，当初刚上台时她青涩脸红的样子我记忆犹新，如今也已成长为朗诵团的主力骨干。

台上，台下，我这一路走来，既有贵人相助，亦有高人相伴。图书馆，就我而言是两者兼而有之的引路人。

"下次去海正的讲座，抓住第二部分详讲，第一部分略讲。注意时间分配。《黄帝内经》和马桶盖讲了十分钟。"

"我想说说心里话，前面部分，我随便找个专家都会的，后面是别人不会的，你要发挥自己的独一无二。"

"你现在肚子里的东西越来越多，确实也很好，不可能在这一小时内都讲，这就需要取舍。"

"希望你能坚持自己的，把最好的、家长渴望了解的给予，就更好了。"

我刚刚从椒江实验小学的台上走下来，坐在台下的周丽华老师便第一时间发来微信，以私聊的方式来"揭短"。这真可谓是，听者内清，入木三分，直指要害，句句在理，令我深省，弥足珍贵，不可多得。

"三人行，必有吾师焉，择其善者而从之，其不善者而改之。"

在这个以"快餐文化"为主流的肤浅又浮躁的时代里，彼此之间更多的是表面的粉饰与虚假的赞赏，听着悦耳，但于个体的成长意义价值不大，反而突显出真诚与直言的可贵。

事实上，我对于自己台上的表现，心里还是有些清楚的，也是清醒的，对照便知一二。

　　我坚信，高手在民间，在台下坐着的，均是高人，也是贵人。只是因为我，这一时是站在讲台上，拿着话筒，方能开口说话。

　　其实，是很难讲，言多必失，应庆幸能生活在这样一个相对开明而自由的时代里。

　　在过去，我曾为自己没东西讲而担心，而如今讲的内容是有了，却又要为内容的取舍与去留而发愁，如何能讲到"独一无二"，也真是不易。

　　台上演讲，确实是一门博大精深的艺术，令我望尘莫及。唯有边学边讲，边讲边改，缓慢前行了。

　　讲座过多，是不行的，会太繁累，奔波也太辛苦。若是书卖得太火，也不合适，要是名气太大了，那更不合适，我担心届时会失去自由，就如同关在了笼子里，任由他人把控与玩赏，这可不是我乐意的。

　　我只想做个普通人，能自由把控自我，玩赏自我。

　　写也罢，讲也罢，出书也罢，我都权当是来玩玩，只是生活的一小部分，这也是最理想的状态，因为，这样既能让我有发自心底的真实快乐，也与我这样一个普通人很相匹配。

　　台上台下，你我皆内清。

2016 年 12 月 6 日

大雪日小记

今日，大雪日，却晴暖。

古人云："大者，盛也，至此而雪盛也。"

一年，已所剩无几。

这样的季节，大自然才是个天生的插花大师，更是个顶尖的艺术家。即便是随风撒下几片鹅黄树叶，率性停驻在坡前，再那么竖竖横横，悠然一躺，点缀三五颗露珠，征服感便十足。

早上，趁空又溜去了浙图。

每次离开，心里都热乎乎的，也总有股冲动，驻在心底里晃荡，直至汹涌。这便是我前行的力量，积极向上，也算是我所必需的支柱了。

常去图书馆，坐在第一排，聆听一场又一场讲座，慢慢感觉图书馆，在变大、变高，而我却在渐渐变小、变矮，接近于零。强烈对比中，仰止之心自然而生，在反复的冲动中，我不敢懈怠。

图书馆无言，的确是个群贤毕至的好地方。我只是常到这儿听几场讲座，便感到受益无穷，收获了力量与勇气，促我前行。不久前，听过有关李渔的讲座，最近便特意买了本他的《闲情偶寄》，以便空时翻翻，哪怕只是摆在家里，也挺好的。

一个人，一个图书馆，一所学校，一座城市，要想活得久远，都必须有几口能活的长气。否则，必定是苍白无力的，甚至会迷茫凋萎。当然，这需要有文化润露，更需要传承与滋养，也必定会映写在每一个体的脸上，或多或少，时有时无。

比如，在今天的主讲人、春晖中学郑国民老师的脸上，便写满了一种不同寻常的书卷气，让他谈吐间多了一份他人所没有的自信、从容、淡定、优雅。原来，经亨颐、朱自清、丰子恺、夏丏尊、蔡元培、俞平伯等皆是他所在春晖中学的校友。不仅如此，最难能可贵的是这批名家还留下了一批以"白马湖"为主题的文章、书画。这也难怪春晖中学能升格为"国保"级文物单位。

想想，当怀揣有如此等等的精气神，即便已时过百年，想要不硬气、不从容也难啊。不得不庆幸并羡慕于春晖中学的坚守、传承、发扬，若不是有远见与定力，是很难坚守的。显然，当年蔡元培先生"羡慕春晖的学生"的演讲，绝对不可能只是随口说说的。

　　我一边听讲座，一边开小差。先是有些窃喜。因为，女儿所在的杭州十五中，亦系由经亨颐、丰子恺等先人创办的。想来，竟颇有些宽慰。毕竟，自己的孩子也是沐浴与呼吸在这样的群贤圣气之中，将来必定会有受益与显现。回家后，我必定第一时间告诉女儿这样的巧合与力量。

　　而后呢，对比中又联想起家乡庆元的中小学，难免会有些失落，但更多的是期许与遐想。

　　在台下，当听到老师念朱自清《春晖的一月》等有关白马湖的文章时，心里竟萌发联想，闪现出现今我居住的曲荷巷。对这条既不曲又无荷的短巷，莫名多了一份欢喜，还有些许的萌动，想着想着，便美好了起来。

　　"夏丏尊先生在《爱的教育》中曾这样说：学校教育到了现在，真空虚极了。单从外形的制度上、方法上，走马灯似的更变迎合，而于教育的生命的某物，从未闻有人培养顾及。好像掘池，有人说四方形好，有人又说圆形好，朝三暮四地改过不休，而于池的所以为池的要素的水，反而无人注意。教育上的水是什么？就是情，就是爱。教育没有了情爱，就成了无水的池，任你四方形也罢，圆形也罢，总逃不了一个空虚。"听完郑国民老师读的这段话以后，我在心里忍不住笑了。哈哈，都已过去近百年了，依然如此，仍然适用，这应当是根的力量，本的存在，是无法改变的。

　　然而在几天前，我还为看着答案却做不出女儿作业本上的数学题而感到惶恐不安。此时，再想想当下，想想女儿，似乎有些了悟，同时又有些释然，也淡然了许多。

改天若是有机缘,必要去上虞走走看看,看看如诗的白马湖,看看向上的春晖。

2016年12月7日于杭州市曲荷巷18号

一次一生

图书馆是个神奇的地方。而这样的神奇,对于那些难得一去,或者说第一次前去的人来说,是特别灵验的,也是特别有力量的。

神奇之处,就在于有时哪怕只去一次,竟也能影响和改变一个人的路径与轨迹。

侄儿郑守栋自己肯定也想不到,2017年2月19日无意中的浙图之行,会影响和改变到他。特别是当7月17日他得知已被长沙学院播音与主持艺术专业录取时,事实更加证明,5个月前之行,对其来说是有积极影响的,也是深远的。

倒是对于我这样常去浙图的人来说,影响是低效而难以显现的。当然,主要在于自己先天笨愚,过后便忘。

　　文化，才是杭州和西湖的灵魂。我尽量把那些来杭州的亲朋好友，由浅层次的吃吃喝喝山水游，引向图书馆、小剧场、国画院等文化场所，让他们去转一转，或者通过听讲座、看演出，让他们亲身感受一下杭州的文化魅力，此时再来感受山水，必将大不同。

　　或许正是这一次精神洗礼，一次与以往不同的游玩，甚至能让内心柔软地给震一下，留下一点难以忘却的印迹，或者因此而有所改变，哪怕是认识上的。

　　今年2月19日，侄儿在考试时到我家，恰巧是双休日，我就鼓动他们父子俩一起去浙图听讲座。那天上午，浙图的文澜讲坛邀请了中国管理科学院特聘研究员、浙江经纬文化传播公司方荣耀董事长主讲"国学与企业战略"。那天的内容很不错，给侄儿留下了深刻印象。也正是在那次之后，回到庆元的他也经常会去参加庆元当地的各种文化沙龙。

　　想不到，聆听一节课也能给人带来莫大惊喜。至今我还清楚记得，那天语文高考刚结束，侄儿郑守栋就给我打来电话，语气里是满满的兴奋和欣喜。他说："叔叔，告诉你一个好消息。今天语文高考作文，同你那天带我们听的讲座有关，我是一气呵成的。太高兴了，考试刚结束，我第一时间，就想打电话告诉你。"

　　接到他这个电话，我也是喜出望外，对他信心满满。

　　事后按侄儿自己回忆说："当时听到方荣耀老师在浙图讲的国学与企业战略的演讲，记住了他说的中华文化博大精深，智慧的智字是由知识的知字和日字组成。而智慧就是由书本里知识的堆积再加上日复一日自我的社会实践而形成。知识加实践是成为一名智者所必经之路。恰巧今年的浙江省考题便是'人要读三本大书：一本是有字之书，一本是无字之书，一本是心灵之书'。有字之书，即指我们日常所见的各类书籍，泛指知识。无字之书，一般来说它指的是我们所面对的纷繁复杂的当下社会所日复一日积累的实践和经验。心灵之书呢，亦指我们人的智慧，人内心的律令和自我的道德诉求。方荣耀老师通过一个'智'字，很好地解释了这三本书之间的关系，从而也使我看到这个题目时茅塞顿开。"

他作为播音专业的艺考生，今年文化成绩考了508分，其中语文是94分，作文有多少分不得而知。虽然分数不是特别高，但每一分都弥足珍贵，而且有一点也是可以肯定的，那就是此次图书馆之行，确实在关键时刻影响和帮助到了他，这对于他来说必将是刻骨铭心的。或许，今后他对图书馆的力量，必将会另眼相看，且受益终生。

图书馆，是一定要去的，哪怕一生一次。有时，一生一次，受益一生。

侄儿郑守栋今年能如愿以偿，实现自己的主持梦，让我们也备感欣慰。在我们看来，此前他成绩不理想，学习没状态，不上心，处于全校后列，很难圆上大学梦。高一时，还曾独自逃学去江西，差点被学校勒令回家，急得家人团团转。

转机总是出现在彻底失望之后，不想，如今他也能考上心仪的专业。我在与他及他家人的交流过程中，从他在一些小事的表现上，明显看到了转折和希望。

　　首先，他找到了自己的兴趣点。据说，这是他在丽水中学念高一时，有一位老师让他试着去当主持人，主持全校的晚会。不想，晚会结束以后，他就喜爱上了主持，并且慢慢将此作为唯一追求目标，按他说法是"不读主持，觉得没意思"。其次，在到杭州参加培训过程中自我觉醒。他起步迟，就靠自己努力，奋起直追。再次，在屡战屡败中，他不断成长。他在此轮艺考中，真可谓是出师不利，屡战屡败，屡败屡战，勉强拿到两所学校的入场券，这个过程，令他清醒和成熟。最后，他的一个举动具有自我觉醒的标志性意义，那就是他主动把从不离手的手机寄回家里，下定决心，好好学习，努力冲刺。

　　回首侄儿的成长，颇具戏剧性，也令我感慨万端，他真是个幸运儿。他成长的启示多多：一是学习不怕迟，二是关键要自我觉醒，三是社会才是最好的老师。

　　有一位建筑评论家说过，真正知道一个理念至少需要花20年的时间；至于亲身体验而至深信不疑，则需要30年光阴；要能够随心所欲地应用，将要耗掉50年的生命。这段话，是适合我对图书馆的认识和理解的，自2001年我走进庆元图书馆以来，尽管还没有达到20年，但对图书馆的各种好，我是深信不疑的。

　　相信，你我所亲历的，必会在将来得到证明。

2017年7月20日夜于杭州市曲荷巷18号

寻道讲坛

"你骑得慢一点！我的主人，你让我颠得痛死了！"一个大坑让电瓶车真的有点发怒了。

"闭嘴，这年代，谁花了钱，你就得听谁的，我高兴骑多快就骑多快！"我故意把油门扭到最大，一直不放手，心里暗暗发笑。

秋高气爽，在11月6日这天早上，我骑着电瓶车一路向前。孤身一人调到杭州快三个月了，自从有了这辆电瓶车，我不仅没有体会过"堵"字有多难写，而且在这片陌生的土地上多了一位好朋友，一路行来一路聊。

"我的主人，你今天这是要往哪里去啊？昨晚整整充了一个晚上的电，差点把我肚子胀破了。今天可是星期天，按往常习惯你可是窝在被窝里睡懒觉的，昨天晚上还连麻将也不去打了，说是休息，明天听讲座，也不知什么讲座有这么大的魅力。"电瓶车皱着眉头带着调侃的口气问道。

"我可不想告诉你，就你话多。"听到她话这么多，我开始有点讨厌这个多嘴的家伙。最近有些事一直萦绕在我的心头，让我想不明白其中的道理，甚至有些郁闷和不快。我就想不明白，如今的社会为什么人人都那么的浮躁而又焦虑？入学，焦虑；购房，焦虑；就业，焦虑；择偶，焦虑；赚钱，焦虑……

焦虑！焦虑！！焦虑！！！……这年头，连开个车、看个病都是那么的让人焦虑。除了焦虑，还是焦虑。现在社会到底怎么了？大家的心灵为何如此焦虑？这个中的道理在哪里？我又该怎么办啊？最近我一直试图努力寻找自己的答案，但始终没有结果，反而使我陷入更加焦虑的困境当中。

"你就说说嘛，我亲爱的主人。"电瓶车娇滴滴地说。她一开始撒娇，我就没辙了。

"去听课啊，到浙图，参与'文澜讲坛'去，以前就听同学说起过，听说办了快十年了，很受欢迎的。我也想去听听，我从地图上看，从咱城东南到那边，还很远啊。你可得表现好一点，别像前天那样半路没气了。"我轻轻拍了她一下，算是给她一点鼓励。就在前天，我骑着她，结果半路漏气了。推着她到绿源电动车专修店，对方说："不补胎，只换胎，25元，大家都一样。"我无奈地说："换吧。"我在心里想，这可是全新内胎啊，只漏了个小洞，补上就能用了，这样就要换胎，这是多大的浪费啊！这还叫节能社会？

"主人，你别生气了。不就是25元钱嘛，给都给了！跟我说说，你今天到浙图听的是什么讲座呢?"电瓶车一边卖力前行,一边好奇地问。

"去听讲座啊!寻找我的心灵答案。哪像你这么没文化!"我笑着回答。

"听课?你年纪一大把了,还听课,你还以为你是大学生啊!早该想想如何去赚点钱了!这社会需要的是实在。你也太天真了!我可不想跟着你喝西北风。我的傻主人!哈哈!"电瓶车的话里带着一丝讽刺,我听了有些不高兴。

"你懂什么啊!今天人家请了位道长——张继禹先生,他可是中国道教协会副会长。时下,大家的心里到处是心灵荒漠,我想去寻找自己的那片绿洲。我也是从网上看到的,不知怎么的,就有了去听课的冲动。"我说出了自己的真实想法。

"哦,原来是这样。"

"你别烦,我刚才跟你聊天,感觉好像骑错地方了。都快走了40分钟了,还没有到,我先问问过往行人。"我下车一问,果然走错了。再一看我的电瓶车,电还多着呢,今天电瓶车表现得不错,我一下就放心了。

"哈哈!刚前几天,我还听到你自言自语地说什么没能力就别来杭州混之类的。最近你好像受到刺激了。"电瓶车笑得有些得意,我听着更像是嘲笑。

"连你也敢笑我。看我怎么收拾你,三天不给你充电,把你饿死算了。"我真的有些生气了,"你是不懂我们人类,要想在一个全新的地方生存下来,不知有多难啊。"

"好了,不跟你说了。好像到了!我看到'浙江图书馆'几个大字了,真的到了。"

"你给我老老实实待在车棚里别动,如果有人想打你主意,你也给我坚强地挺住,别跟别人走,我可还想当你的主人。再见。"我停好电瓶车,上好锁,与她道个别,按门口指示很快就找到了会场。

两个小时后,我听完讲座。走出浙图,发现这家伙还在,好好地,我放心了。

"主人,你不在,我都快闷坏了。今天都讲了些什么啊?有什么收获……"

"题目叫'美好生活,智慧生命',上得不错,人满满的,老的少的。我坐了第一排,还做了笔记呢。"我笑着说。

"看来你收获很大,心情这么好?快说来听听,让我分享一下,如何过上美好生活。"电瓶车关键的时候也学会了拍马屁。

"就七个字啊!'善''正''简''朴''和''静''虚'。细细品味张道长说的这七个字,就是我要寻找的心灵的答案和绿洲啊!"我很高兴,主动与电瓶车聊起了上课的内容。

"哈哈……"我豁然开朗,一路畅聊,一路欢声笑语。

下一期"文澜讲坛",我和电瓶车都很期待。

（注:本文为纪念浙图"文澜讲坛"10周年征文作品）

2011年11月6日

学为"三知"

今早，细雨，春寒。

骑行上班，畅通无阻，不急不躁，方能静思，脑海中忽然闪现一个想法——试着将《论语》的开篇与结尾连接解读。

子曰："学而时习之，不亦说乎？有朋自远方来，不亦乐乎？人不知而不愠，不亦君子乎？"这是《论语》的开篇。

子曰："不知命，无以为君子也；不知礼，无以立也；不知言，无以知人也。"这是结尾。

若是将这两部分连接起来，不难发现这一头一尾，其实是一因一果。开篇的"学"是因，而到结尾的"知"是果。

将"学习""有朋""不愠"三者"一以贯之"，是为了能三知"——"知命"

"知礼""知言"。

简而言之，就是"学"为"三知"，或者说是"觉悟"为"三知"，因为"学"在《说文解字》里解释为觉悟，这应该是贯穿全书的核心、主线。

而中间部分的林林总总，皆是在为这一头一尾服务。这样一次无意的联想，似乎让我对整书的理解通透了些许。

"这样的理解合适吗？"欣喜之余，即发微信向远在新疆支教的顾大朋先生寻求印证。

"非常合适。"顾大朋先生立即回复。

"越读感受越多，几千年来，中国最有才华、最有智慧的人都在读，书中的内涵还没有完全参透。"她说，"这就是经典。"

瞬间自我小悟，心里甚为欣喜，犹如一个小学生。

这也是近期，我在通读全书两三遍以后，才有了这样一点小小的意外收获。此时，也让我加倍感受到诵读的必要性和重要性，特别是要一字一句老老实实反复诵读。看来"读书百遍，其义自现"绝不是说说的，而是硬道理。

古训，皆有哲理，值得去落实指导具体行动。

若说"学"是为"知命""知礼""知言"，那么我今天也算是体味到一回什么叫"不亦乐乎"，这也促使我更想要继续坚持读下去，学下去。

听讲座，当然也是"学"，也常能使我体会到"不亦说乎"，也正因为如此，各种讲座对我产生了巨大的吸引力。当然，这样的"乐"，也是一个微慢的过程，需要有时间引领，慢慢去体味。

昨晚（2017年4月9日），下雨。

获知南山路的南山书屋（杭州市上城区南山路210号）里有一场"敦煌彩绘画卷名物考证——生杖"的讲座，毅然前往，风雨无阻。

6.6公里，这样的距离之所以能接受，主要还是因为原来在浙图曾听过几场有关敦煌的讲座，很有吸引力。

虽然暂时还没有想去敦煌的冲动和计划，但这样沉厚的地方，即便是隔着千万里，远远地，站着，想着，也很美，也会被折服。这样的空间，更大，更有别样的味道。

这是南山讲堂的第九讲，也是"来图书馆看敦煌"中国美术学院站系列学术讲座第一讲，更是我第一次参加南山讲堂。

"生杖"是什么？原来是一种类似于枷锁的刑具。

这是需要考证的。主讲人黄征先生作为南京师范大学美术学院博士生导师、教授、敦煌学研究中心主任，从敦煌的彩绘画和历史文献这两个别样的角度来进行考证，具有启发性。

主持人是中国美院的何鸿先生，他风趣幽默，我敢肯定曾在哪场讲座上听过他的发言，只是记不起来了。他今天讲了一个亲历故事，也很具有戏剧性和前瞻性。

他说，二十年前，当他还在中国美院读书时，在学会喝茶时，做出了这样一个决定，跑遍杭州各大废纸收购站，从纸堆里淘回一大批敦煌遗书，当年只要三五元，而如今每张市价至少500万。不想，他经营出一个"莫高窟"，还成就了他一生研究的方向。

他还说，在他眼中，最贵的不是学区房，而是儿子的书房。

是啊！他若是没了书房，又哪来的慧眼？

这个晚上，我听了讲座，购了本书，还为女儿向黄征先生要了个寄语"言为心声，书乃食粮！"作为纪念收藏，说是鼓励孩子，其实更想勉励自己。

在回来途中，我在雨中，又一次体验到"不亦乐乎"，心里美滋滋的。

我心里感慨，一个冷雨夜，电瓶车来回骑行近13公里，能得到这么多，真是赚大了，都有点难为情了。实在是太幸福了，生活在杭州，想不爱上这里也难啊。

而今天下午，我又在浙图听了由中国美院韩熙先生主讲的讲座——"'新玻璃'的视界"。这个讲座生动多彩，也很具有思维开拓性。比如我想不到玻璃已有五千年历史，各种制作方法视频更是直观精彩，而运用乐曲音箱颤动绘制的玻璃更是超出想象，还有很多，这一切都很有新奇感，听完很是开心。

其实，听各种讲座，除了能拓宽视线眼界以外，还能从他人那里学到认识事实的全新角度。当然更重要的是，通过这样一场又一场讲座的简单重复，能把我的好奇心和求知欲慢慢点燃，直至无法熄灭，引领着我在欲罢不能中不断学习，不断进步，不断写作。若是没有这样实践体验的人，是无法理解这其中的快感的。甚至是包括我的妻子，也常有玩笑式的怨言，这也难免，也很正常。

　　学习的终极目的，不就是为了早日能"三知"，从而达到"随心所欲，不逾矩"吗？早学、多学，便能早知、早体验，而不学，则连体验的机会也没有，为人一生，岂不憾哉。

　　我自问，"三知"了吗？没有，远远没有。

　　　　　　　　　　　　2017年4月10日于杭州市曲荷巷18号

与钱无关

"虔诚。"

"文化自觉。"

"融为生命的一部分。"

"一手伸向传统，一手伸向自然。"

"在敦煌壁画中，仅乐器就有4500多件。"

…………

铭记，这些零碎片语。

2017年4月18日，在杭州南山路上的南山书屋里，一场以纪录片导演秦川、安秋为主角的对话分享会，足足进行了三个小时，多位教授学者的真知灼见，令我醍醐灌顶、茅塞顿开。

　　南山路，夜如昼，路两侧的梧桐树上严严实实地捆绑着串串小夜灯，苍白一片的顶上，散落着大红灯笼。黑夜中扎眼、突兀、异样、不协调，令人有不适感。是的，就是这样的一个时代。

　　210号的南山书屋，因为紧邻中国美院，瞬间变得高大而深刻。这是我第二次来这里聆听讲座，每次都有共鸣与收获。虽然来回有13公里，但我每每仍然有前往的冲动，而且有些无法抑制。

　　我猜想，这或许是因为我此生没有上过大学，内心空白，或者说是一种自卑，因而觉得一切的文化课堂都那么有吸引力。

　　来自酒泉电视台的秦川、安秋导演，讲述了他们的团队13年来坚持以敦煌为主题拍了多部纪录片，拍出一部绝无仅有的敦煌史诗纪录片，在同行中出类拔萃，频频在央视播出，故事感人至深。他们每集经费仅为5万元，远远低于同行近百万元的预算。为了节省经费，他们几乎省下了一切能省的开支，包括不少群众演员都让团队的摄像给客串了。

　　钱少，人也少，设备一般，起点也不高，是什么力量使他们坚持下来呢？而且还促使他们不断自我突破创新？

　　"是中国文化，是敦煌艺术背后的虔诚给我们力量，一直深深感动并吸引着我们，因为我们真心爱着敦煌。"这便是他们的说法。

　　颇有意趣，与钱无关。

　　我也豁然开朗，任何坚持与执着的成功，都与钱多钱少无太大的关联。换句话来说，钱多，钱少，皆不是主要问题。反过来说，但凡能用钱来决定的，皆是那些走不远的小事，更是无名小卒惯用伎俩，而非大器。而那些用钱也无法办到的事，才是大事，比如仅有一次的生命、充盈的精神财富、优良的环境、干净放心的水等等。

"没钱，难办事。"这在当下是主流，往往也是选择自我放弃最合适的理由和借口，因为这毕竟是个"若是没钱走出去连口水也没的喝"的时代。

事实上，若真想下定决心，去做一件想做的事情，实现一个梦想，相比眼下，钱真是个无厘头的理由。但凡用钱能办到的事，定是小事。

是的，人活着总是要有些精神的。我常想，哪一天，若是连钱都看不上了，那才是真正觉悟。我必须努力去接近这个境界。

最近我常在想，老听这些有什么用呢？这样的文章写着又有什么用呢？真心有些困惑与不解。这些课，听与不听，对我目前的工作与生活来说丝毫无影响，更不能变现，产生经济效益。

换句话来说，明明知道这些对我毫无用处，一文不值，我却依然不离不弃，乐而为之，愿意花费我仅有的而且是无法用金钱换来的生命时间片段。

到了这个年龄，我才忽然明白人生还有一种无奈而纠结的悲哀与苦闷，那就是明明知道自己是在浪费生命，却仍然要不断地浪费下去，甚至是无法自拔，无力解脱，无法言说。

飞天之大美，亦与钱无关！

积极提问，不仅是为两位导演的签名音像出版物，更是因为他们给我一个最好的答案:一种虔诚,一种文化自觉,一种融入生命的爱。

夜居,富春江畔,桐庐。子夜,微雨相伴。静谧,有蛙声。久违了。

2017年4月19日于桐庐海博大酒店

去或不去

不去敦煌，是因为不敢去，更是由于我这样的空白人，要比敦煌里的一颗小沙子还要轻细很多很多，前去唯恐不配。

事实上，去与不去，对我来说，已经不是最重要的了。因为，居处在诗画江南，即便是远远站着、想着，不仅仅是孤直，更是大美。

不过，最近有一句话，令我有些微微动容，那是中国美院的何鸿先生在2017年4月19日晚主持的敦煌系列讲座结束时说的。他说："人要在绿意盎然的江南待久了，难免会郁闷，若是去大气无边的大西北走走，绝对是有好处的。"

的确，是这样！绿，也醉人，是有必要去清醒清醒，以求一种色彩平衡，如此方能悠长且久远。

这位以"我牙不好"和"给你鞠一躬"为口头禅的何鸿先生，最近策划组织了一个"来图书馆看敦煌"的百场展览。

我一直未曾前去观赏。因为在我看来，去与不去并不重要，因为那个美学高度早已化为内心的敬畏，根植心中，难以撼动。

事实上，我这样的文盲空白人，特别需要类似于何鸿先生主导的这一系列讲座的润泽与引导。系列讲座虽有五讲，但我感觉还是少了，还可以继续深化，这也是一种文化传承，与人多人少无关，只要有一人在座，便是一种接替与更新。

至今，已持续进行了四场，我竟错过一场，回想原因，还一片空白。原来，不去的理由，也是如此的简单。

这一场，一定要去的。4月19日晚7点，主讲人是浙江大学历史系刘进宝先生，主题是"东方学背景下的敦煌学"。

谷雨夜，在富春江边的桐庐，听了一夜的蛙语。返回杭州时，距离开讲仅剩半小时，泡了杯麦片充饥解困，便匆忙前行。先是在南山书屋扑了个空，原来已移师至中国美院南山校区的贡布里希藏书室。通知上是写清楚了的，只是我粗枝大叶，马马虎虎，懒得细看。这是我的禀性使然。去了，即便不遇，又何妨呢？

此次遇上，在美院。在我个人看来，类似于"美院""浙图""敦煌""书屋""老师"这样一些独具特殊美学意义的文化符号，仅仅凭借其简单而特定的名字或称谓，便具有一种无法比拟的先天教化和美育功能。

这类文化符号性地方，去或不去，真的不重要了，远远地站着、看着、想着，便具有很强的感染力，这是一种独一无二的精气神，更是真善美的直接外溢，无法阻拦。

为此，这样的地方，能否秉持一种来者不拒的情怀，是很能见其情怀、胸襟和态度的。在我看来，任何理由的拒绝，在某种程度上来说，皆是一种缺失与损失，更是一种遗憾。

专业与业余的直接区别就在于，我只知道有敦煌，而不知道有"刘进宝""何鸿"等，正如我只知道有个中国美院，而不知道这里还有一个被誉为"学术象牙塔中的宝塔"的"贡布里希藏书室"。

知道与不知道，也不重要，重要的是我被吸引来了，一次又一次，还乐意来。

今天听讲座，竟然没带笔记本，这是很少见的，不是忘记，而是因为没时间，来不及回家取。依然想尽管争取，能靠前一点，再靠前一点，这也是我的习惯。

依凭临摹敦煌壁画而实现自我突破的"张大千"，与被妻遗弃而坚守在敦煌的"常书鸿"，也是一种文化符号。

而能通数国语言的法国汉学家、探险家伯希和，以及第一个提出"敦煌学"这一概念的日本人石滨纯太郎又是另外一种文化符号。

而何鸿先生2007年去俄罗斯考察的遭遇同样是一种文化符号。他说，当年准备去看圣彼得堡国立博物馆收藏的西夏文献，馆长说，不是不给您看，而是怕您看了之后心脏受不了！因为中国西夏王朝的文献90%都收藏在俄罗斯。这类遭遇和参观法国枫丹白露宫的情形是一样的，枫丹白露宫里的珍品是中国清代康熙、雍正、乾隆皇帝把玩过的古董珍玩。

这一切，听着听着，便血脉偾张，难以释怀。

2017年4月22日，周六，又去了浙图，在这里偶遇一个"第十三届中华诵经典教育论坛"，蹭听德国汉学家顾彬先生讲谈《诗经》。

尽管他的中文讲得很棒，但我听着依然有些不顺耳，特别是当他讲到对"君子"的理解时，他认为是"君主"之意。这也令我感叹不已，博大精深的地域文化的精准传播，更加适合本土人。特别是具有中国文化之意会的，要精准传播更是难上难。

如此事实，为何又非得传播呢？

如此看来，自我闭关的存在，也是一种保护与坚守。而适合与匹配，更是一种唯一，一种独特，无法替代。

下午，一边诗，一边丝路；一个是1点半，一个是2点整。选哪个呢？两者皆是我所爱。我还是选择了后者，由北京大学国家文化软实力研究中心研究员毛铭主讲的"大使厅壁画：武则天时代的G20峰会"，不用说，这与听了何鸿先生的敦煌系列讲座有关。

在这天，我才知道"一匹马""衣冠禽兽""胡言乱语"等等这些日常使用的话语背后，是有深厚玄机的。我也才知道曾有一种乐器叫"云和"，现在已经消失，唐朝的白居易还写过一首《云和》诗："非琴非瑟亦非筝，拨柱推弦调

未成。欲散白头千万恨，只消红袖两三声。"

这便是中国的文化符号，独一无二的。

最近，我在热追"文星"，结束时，抢到毛铭先生的一本签名书！她只带了三本展示书。

诸多文化人，以及他们身上的文化符号，真心值得敬重！难怪连我这样小气的人都要摆阔一下："老师，定价38元，我给50元，别找了。"

今天，去与不去，还能发现另一个小我。原来，真有神明。

2017年4月22日于杭州市曲荷巷18号

传统与自然

　　"一手伸向传统，一手伸向自然。"这是艺术家们总结出来的心得，简单明了。说说容易，做做很难，区别就在这，若是能悟透、做到，自然与众不同。

　　"至今，还没用微信。"在我这个外人看来，兰州大学王冀青先生似乎做到了，因而与众不同。2017年6月17日上午，我在浙图听其讲述了"从伦敦到敦煌——斯坦因莫高窟藏经洞考古秘密"的故事。从不同的角度，认识了"强盗"背后的与众不同。不知不觉，讲至12点半，大家意犹未尽，不愿离去。

　　敦煌差不多等同于中国传统文化，犹如一块巨大的吸铁石，只要你不刻意抗拒，必将会被吸附得越来越紧。最近，中国美院何鸿老师组织的"来图书馆看敦煌"系列活动，令我对"传统"与"敦煌"有了更加深刻的了解和喜爱, 内心深处也时时被触及, 感慨颇多。

从浙图到杭州国画院, 再到南山书屋各种类型的讲座, 如同一个引子、一盏明灯, 引领着我, 悄悄靠近, 慢慢下沉, 靠近那些如有魔力的好东西——依赖感日渐明显, 一旦离开, 思绪全无, 无从下笔, 枯竭感强烈。

不说别的, 就连一个双目失明的残疾人, 也能将生命演奏得如此与众不同。当日下午, 在浙图又听了孙以诚先生讲演"民间音乐家孙文明传统二胡艺术"故事, 现场聆听了他演奏孙文明遗存的九首曲子。"去千斤""仿箫声"等绝活一展现, 令人慨叹一个盲艺人花费三十四年时间, 竟把二胡玩得如此出神入化。连我这个外行人, 听着听着都被感动了, 泛起丝丝酸楚, 回家后还重听, 细细体味。当天, 孙文明的女儿也来到现场聆听, 无法得知这样的听众内心会有多么复杂。

"这是个读图时代, 导向让人越来越简单, 简单到使人要变成傻子。"6月18日上午, 段炼先生在讲述"图书馆时代的图与书"时如此直言。

确实如此, 在如今手机刷屏的信息时代, 大量牵扯分散了我们原本就非常有限的时间与精力, 怂恿主流远离"传统"与"自然", 导向一个以简单、粗暴、浮躁、自我为特征的特殊时代。亦如共享单车, 在带来便利的同时, 却也经常倒在路边, 堵住楼梯口, 足以印证和影响到一个民族的形象。

愈发觉得, 他们讲得很精彩, 内容皆是不可多得, 于是决定尝试着, 将他们所讲的给录音下来, 以便日后忘却时, 也能方便再试着听一听。

如果说这是一个制造"傻子"的时代, 那么, 我觉得自己也是典型的"傻子"一个，朽木一根，无可救药。

我作为一个普通人，一名听众，倒不是在如何羡慕故事内外的那些人，只是觉得生命太过于渺小，时光流逝太快，面对生活的种种，深感可惜，却无能为力，也只能无为而虚度。

我这类自小在农村长大的孩子，命特别地贱，也特别有生命力，什么都会做，有如路边的野草，可有可无地存在着，即便别人狠狠踩我几脚，我也默默承受，悄然生长，生命力极强。任劳任怨，是我的最优品质。

"不要慌，我们的孩子生来就是要比别人慢一点的。"前段时间与初中时恩师范寿仁先生聊天，那时他说的这句话又在我耳边响起。6月初，在回庆元做新书首发时，我特别去丽水中学探望了老师，给他带了本新书，随着他参观了学校。这是一所简洁明了，很少有花哨标语的学校，也成为他的理想国。如今，他又回到曾经的职业起点上，我想，这绝对是个自由而又美好的归宿。每次与他畅聊，都会给我以很大的启发和力量，也能常常帮助我将注意力从关注一个点上转移出来，回归到"传统"与"自然"，内心也就淡定平和了许多。

孩子的路，是孩子自己的，那不是我的路，我有我自己的路要走。若是一味简单地跟着孩子走，或让孩子跟着我走，两者必然都会走进死胡同。比如说，如今见到女儿痴迷于电脑游戏，我也只是心平气和地提醒，而决不再如同以前那样强硬和对峙。为此，我时时提醒和鼓励自己，以最大的限度包容孩子的一切，绕着走过去，重拾自己的天空。努力做好自己的，只期待在

很远的将来，在关键时候能产生无限的力量，哪怕是滞后的。

按我个人的体味，最难的便是不为外物所动，能学会适应一种强烈的反差。这便是外人简单而真诚的种种夸赞，与现实生活中的孩子，真实而不如意的种种表现。这两者之间，有着巨大的差距，必须说服自己，习以为常地去接受，接受那个真实的孩子，而对外的种种，只是一笑而过。

我常想，若是能将我听到的"传统"与"自然"早一点告诉自己的孩子，能让她学有所用，那该有多好啊！可是仔细想想，她会听吗？能接受吗？会体悟吗？有需要吗？想想，也就罢了。

2017年6月19日于杭州市曲荷巷18号

"压舱瓷"

从舍近求远，到舍远求近，来来回回，寻寻觅觅，忽然醒悟，蓦然回首，自己足下的，拥有和熟知的，已然足够好，也足够肥沃，已无须再舍近求远。

近期，从季盛和同学处借来多册有关龙泉青瓷的书，空时认真翻阅，慢慢便有了别样的沉厚感，且日趋强烈。

过去，对于龙泉青瓷，看似熟悉，实为陌生，日用而不知，知之甚少，甚为惭愧。甚至在丽水工作时采访过，也只是轻轻掠过，未做了解。

事实上，不仅如此，众多人和事皆被我走马灯似的忽视了，未曾停下来，慢慢审视，细细把玩。

或许，这类本土的，原本已熟知的，若是再花些功夫，做些深入了解，天时地利，优势明显，事倍功半，又何必舍近求远呢。

过去,系因无知,且不知学。如今,有了兴趣,再回过头来关注,仅仅因为兴趣。

反正,我这一生,也就习惯于这样东一锄头,西一锄头,到头来,无一精深,无一成文,皆是半拉子的皮毛,一无是处。

2017年8月5日下午,历史学家、复旦大学葛剑雄先生作为"人文大讲坛第383期"主讲嘉宾,在浙图就"延续还是创新?丝绸之路与'一带一路'"进行了两个多小时的演讲。

其间,他就开辟海上丝绸之路原因提出"公元755年,因安史之乱后,陆上丝绸之路断绝,海上运输的巨大经济利益,为瓷器、青花瓷外销带来可能""釉需用产于西亚的含钴矿物青金石""海上丝绸之路完全是由阿拉伯人开辟和掌控的"等观点。

葛剑雄先生在谈到瓷器时认为,当时之所以载运大量瓷器,不仅仅是贸易赚钱,更重要是瓷器能起到"压舱石"的作用。

在大量古代沉船中,皆发现有大量的瓷器。比如,在元代"新安沉船"中发掘出了20000多件青瓷和白瓷,而南宋"南海一号"沉船,总共出土文物14000余件套,其中瓷器13000余件套。

之前,读到过有关中国古代瓷器出口的文章,但唯独没见过有"压舱瓷"这一说法,真是令人眼睛一亮。

如今葛剑雄先生说法,想来很是在理。以瓷代石,航行各地,沿路售卖,赚钱与压舱,一举两得,理当首选。长此以往,中国瓷器遍布全球也就合情合理，不足为怪了。

如今，我年纪慢慢增大，工作也稳定下来，温饱已无忧，女儿上初中，任性日增，常常还是抛来一句"我不要你管"，让我好笑又无奈。

女儿向来任性，由不得他人责说，这需要世事来磨炼。前几天，外甥来家里，主动给女儿辅导英语，不想，几句话不投机，女儿便躲进卫生间生气，结果把人家和我搞得很是尴尬，实在不好意思。

好吧，既然孩子不喜欢被管，那就不多管。想想也是，管得了一时，也管不了一世，活生生的人，应该有成长的空间。

给她自由，也是给自己自由。因为，我有了自由，方才有时间去安心学习，写点感言。

想想自己，在那个不知天高地厚的年龄里，也是这样过来的。想到这里，也就压住怒火，调整好自我，转移注意力，做点自己喜欢的事情。

或许，孩子也是要在来来回回间，寻寻觅觅中，从舍近求远，到舍远求近，然后找到最适合自己的"压舱瓷"吧。这是一个过程，是需要时间的。

2017年8月7日于杭州市曲荷巷18号

当绘画遇见音乐

周末，仍在浙图，还在第一排。最近，二楼大会场，难得有了点小变化——第一排长桌不见了，换成方茶几，古香古色，多了份雅气。

不仅如此，组织方浙图读者推广部的负责人兼主持人，也换了新面孔——詹利华先生，又一个年过半百的职业热心人。讲座常是楼上楼下交替进行，但凡是"重量级"的，便会启用二楼大会场。

真心感谢浙图，组织了如此丰富的各类讲座，度我余生，不仅仅丰富了我内心，还引领了我方向，尽管不知最终将走向何方，但内心始终怀有收获时的快乐。

坐在听众席第一排，连续听了几年，光是听课笔记就做了厚厚三本，可当我时常回过头来忆想时，却似乎是左耳进右耳出，什么也想不起来，也只能怪自己天生笨愚、健忘了。

事实上，所有的这些讲座，对我来说，既是无用之学，也是无聊之学，能在脑子里留下什么印迹，一点也不重要。我毕竟是业余的，纯粹是来玩玩，消磨时间的。

在我看来，哪怕是一句话、一幅图、一个动作，在瞬间能感动到我，也便算是有收获了。

能站上台的，大部分都是某方面的高手，有出彩的一面，有值得学习的地方。何况每个人，都是一本与众不同的书。

我作为台下一个老听众，听得多了，也慢慢能听出一些门道来了，在慨叹台上高人如云的同时，也常会自觉或不自觉地在心里对台上的各种讲座进行对比。有时，甚至只要台上的人一开口说话，对台上人的水平便有数了。

这也不是所谓的好坏、高低，只是以个人标准和喜爱，轻率地做出一种感性的判断而已。当然，不仅我个人如此，那批铁粉听众也常在议论。特别是对于我们这样不择内容听的人来说，那种起得花里胡哨的标题基本不起作用。

今天，由浙江理工大学艺术与设计学院音乐副教授陈芸主讲的"爱与和谐：图像里的音乐世界"讲座，就触动了我，令我眼前一亮，同时在心底大呼，还可以这样玩。

她讲座的角度很特别，或者说研究的方向很新颖，很值得借鉴学习。陈芸老师在短短一个半小时内，将音乐、绘画两大各自独立的艺术学科，融合讲述，名画配名乐，相互交融，将钢琴、小提琴等10件乐器和涉及的16幅自文艺复兴时期到近代的绘画作品进行混搭讲述。

我虽然是乐盲加画盲，但两者都很喜欢。在我看来，总体感觉相当不错，虽然部分画中乐器与音乐搭得略显牵强和简单，但能有如此创新和大胆尝试，就足以令人刮目相看。

要在这么短的时间里讲好这样两大门类内容，对于主讲人来说，绝对是个大挑战。先不说别的，能同时具备两大学科的广博基础知识，就不是一般人能做到的。

我也常上台，深知这样的"大杂烩"非常不好烧。

亲子课，是我常遇到的，也是常让我感到棘手的。最大关键点在于，家长和孩子之间差距太大，就如同一根扁担的两端，一头是简单如同白纸的孩子，而另一头是阅历丰富的家长。

在同一堂课里，要将这一大一小两者兼顾，而且能恰到好处，实在是太难了，这绝对是一种考验，更是一门艺术。

在台下，我也曾听过不少亲子课，但能两者兼顾，而且恰到好处，能打动我的，还真是不多，甚至可以说是没有。

这就如同绘画与音乐一样，完全是两个不同领域的学科，却要同台展示，确属不易。

这就类似于老家农村里曾经有过的复式课一样，因为村小的学生人数少，往往将不同年级的孩子集中在同一个教室里，由同一个老师分别给不同年级的孩子上课。这样的复式课现象，持续到2000年前后才消失。

"音乐与视觉艺术紧密联系，人们以歌唱、奏乐或绘画表达内心深处最真挚的情感。"陈芸老师说得很是在理，"如果我给每一幅作品中的乐器配上相应的音乐片段和讲解，你是不是感觉会欣赏到更多的画面内容呢？"

"我的专业是音乐，但是我对绘画艺术非常感兴趣。尤其当看到音乐主题的绘画作品时我就会想，那些没有学过音乐的人，他们是怎样欣赏这些作品的呢？如果他们不懂得这些乐器的音色和特点，他们就无法达到深入的欣赏。所以，我就想到要把它们连接起来。"课后她如此向我解释。

能如此触类旁通，举一反三，角度、广度、深度自然与众不同。

诚如亲子课一样，虽然两者差距过大，但始终面对的都是活生生的人。

在亲子课的整体安排上，我常常试着采用二八或三七开，按需求将重心放在不同的对象上。这倒很像中药里不同药之间的配伍，讲究君臣佐使，而这也全凭一种感觉和经验，难以言表。

在同一个舞台，当绘画遇上音乐，当大人遇上小孩，似乎一切都变得全新了，变得那么与众不同了。

事实上，在生活中也常会有这样的遇见，总是那么的美好。

2016年10月15日

仰止讲台

提前匆匆离场,对于台上的主讲人来说,是特别不礼貌的,也显得特别不恭敬。

作为浙图系列讲座的"铁杆粉丝"之一,我是极少在中途离场的,但今天例外,仅仅坐了不到十五分钟,我就离开了,这不算是抗议,而只是想表达一时的情绪而已。

每个人,都是一本书,值得去翻阅。而那些能走上讲台的,就更加值得敬重了。

我一时的不良情绪,显然不是针对主讲人的,也不是因其所讲的内容,而是就其讲座的形式——纯念稿式而言的。

"我最不喜欢念稿式,可他东西多,能写。"

"念稿很大的可能是准备不足。"

"讲座最傻的是把稿子全打在PPT上，让听众检阅你的朗读水平。"

……

诸多微友，谈得颇为在理，也有趣。

事实上，我对此行的"孙中山"这一主题，还是期待满满的。看在内容的分上，我还是认真倾听了好一会儿的，但竟然什么也没听明白，主要是因为主讲人的口齿竟然有些含混不清，实在不忍心浪费时间和生命了，便决意离开。

听讲座是要花时间的，换句话来说，就是要消耗生命的。特别是在这种开放式的公益讲坛里，听众去留自由，完全就是一念间的喜好。

事后想想，或许是自己偏颇了，我估计可能是主讲人在对象的抉择中，将架在正前方的那台摄像机当成主角和侧重点了，因而忽视了台下听众的存在。但不管如何，即便是在摄录资料，将来最终也还是要放给人听的。

回望，在浙图等地听讲座的这四五年里，台上高手众多，精彩纷呈，念稿式的不算多，但讲不出新意的，却还是大有人在的。

在浙图诸多主讲人中，浙江工商大学张亦辉老师的系列讲座，扎实博学，见解独到，不可多得，印象深刻。尽管其东阳腔极为浓重，我们也依然很是喜欢，常常人满为患。

此外，就是每周一在杭州国画院开讲的浙江外国语学院顾大朋先生。她年轻而博学，对国学《论语》的诵读与讲述，路数精到，以古为主，旁征博引，引领我们入门，很是受用，每期必至。其获得"学生最喜爱的老师"称号，也是实至名归。

说到念稿式的讲座，最大好处便是安全，能讲得滴水不漏、无懈可击，更不会祸从口出，却缺少了活气与生气。听来是沉闷无味，昏昏欲睡，听众自然稀少。

在台下坐着的，可都是大活人。特别是在浙图这类向社会开放的讲坛，但凡会自发前来学习听课的，几乎全都是有着丰富阅历、独立思想和思辨能力的文化人，非等闲之辈。

"台上三分钟，台下三年功"，这绝非一句空话。人人皆能开口说话，但要在小小三尺讲台上，讲得精彩，讲出新意，这绝对是一门艺术，考验的是真功夫、真本领。

尽管台上在讲，台下在听，表面看来是单向的，但其实台上台下始终是互动交流的。有时，一个笑容、一个眼神、一种手势，在台上，能尽收眼底，看得清清楚楚。这种"无声胜有声"的细微交流，也正是现场讲座的魅力之一，这往往是互联网讲课所不具备的。

在台上，我常常以听众的眼神是否集中，是否有人不时低头把玩手机，以及是否有多人陆续提前离场等现场情况，在心里对自己的讲座成效做个自我评判。至于别人当面说的种种好，那都是善意的鼓励。我常在台上台下交错，虽当过五年老师，但对于上台，我依然感到甚为慌恐与不安，对自己过去的种种表现，也不甚满意。

　　三尺讲台,曾经的第一职业,如今的业余爱好,始终令我敬仰。

　　对这三尺讲台,我是做不到"非斋戒择吉日,不敢受也"的。平日里,我对仪表与生活礼节是极为随性的,但唯独在走上三尺讲台之前,必定会提前去理个头发,并力求做到打领带着西装上场。为此,还特意买了两套西服,这似乎比要结婚还隆重。谨以此来表达我对三尺讲台和听众们的一点点敬意。

2016年10月30日

时 下 佳 好

　　深秋,周末。又是幸福而充实的一天。

　　讲坛是块试金石。讲得好不好? 是否货真价实? 肚子里有没有墨水? 只要台上一开讲,台下便一清二楚,因为,台下多是明眼人。

　　真的假不了,假的真不了。"知之为知之,不知为不知,是知也。"唯有真本领,才能令人信服。

　　若是一场讲座,自始至终,众人听得静悄悄,鸦雀无声,这必定是一场成功的讲座。今早,国家古籍保护中心的王红蕾先生就做到了。

　　她讲述了藏书家钱谦益的故事:"三十六年,四起四落,立朝不及五载""破窗风雨拥书眠""59 岁在半野堂,相识 24 岁柳如是"——一听便知,材料完全是信手拈来,如数家珍,早已烂熟于心。

课后，主持人私下透露，她是文学博士，这一主题是其博士论文的研究方向。网上一找，她还曾出版过《藏书家钱谦益研究》，肚里有货，真才实学，能滔滔不绝，也不足为怪了。

优雅，午后。诗，在浙图。

一场由王自亮先生主讲的"鲍勃迪伦的音乐诗歌世界"。有诗，有音乐，还有书，有吉他，有诵读，有讲述，有视频。另外，还有我的提问，就是冲着王先生的签名书《那种黑，是光芒本身》而来的。

这一切皆免费，真是不可多得。

夕阳西下，踩上自行车，如同劳作一天收获满满的农夫，回家路上，满心欢喜，颇为感慨，同时还会有一股莫名的向上的力量从内心深处悄然升起。

路上遐想，人学习有何用？某日，我在公共卫生间里找到了答案。我无意中发现，一个人有没有修养，在使用免费厕纸上是有很大区别的。有些人用起纸来特别狠，一口气抽出一大截，而且他们抽取不是拿来用的，而是用来糟蹋的，比如用纸擦鞋。还有原本用十厘米即可的，非得用上三四十厘米，甚至更多。在茶水间，也是如此。

我想，若是读过书的人，大凡不会如此，不管有人在，还是没人在，都能慎独。

当下的我，能有饭吃，有衣穿，有房住，有班上，还有课听，有书读，有文写，便也忘记诸多不快，这已是极好的日子，我甚是知足，也备感珍惜。

2016年11月5日

人多人少

生命中唯一的一天又开启了。

珍享生命，依然在浙图。

本周六，浙图的讲座安排很有趣，造了个两难题，必须得二选一。

"上午9:30，知名报告文学作家孙侃主讲'王安忆最新长篇小说《匿名》分析'，地点：一楼文澜演讲厅。"

"上午10:00，著名大数据专家涂子沛及人气作家、浙江传媒学院教授鲁引弓主讲'大数据如何通往人心'，地点：二楼报告厅。"

我试着想讨点巧，计划先在一楼听半小时，再上二楼看看，最后决定留在哪。

生活，是很奇妙的。

楼下半个小时后，我上楼一看，心里一对比，就乐了，兴奋了。如此精华的生活浓缩版，着实有趣，令人欣喜，难得一遇。

同一楼里，楼上楼下，冰火之别，别有洞天。

楼上，场地宽大，灯火通明，人满为患，场面火爆，声音高亢。不仅如此，大门口外还竖立着高大广告牌，老远就看到了。一看这架式，真可谓是有气势，有档次，有规格。据说，这可是专业策划，还配有网络直播，有现场签售。

楼下，可就不一样了，观众只有九人，还连我都算了，其他的就不必说了。巧的是，中途还有一排灯突然罢工，不知为何。

楼上楼下，若是拿当下社会的现实比拟，那就是楼上是开宝马的土豪，而楼下是个骑自行车的农民工。

一定是我的脑子有点混，一瞬间，我脑子竟然浮现出2016年11月10日《北京晨报》报道的那组数据来："新东方家庭教育中心公布了一组数据：在7435名被调查者中，高达95%的家长在养育孩子过程中感到焦虑。"

这楼上楼下，难道是对这组数据的真实反映吗？这可不是什么巧合，而是真实存在的社会现实。这就是互联网背景下简快从众的社会现实，无法回避。

文学的孤独，显露无遗，坚守之难，令我感慨。

一个来回，一热一冷，我是二者皆喜欢，可分身无术，唯有做出选择——留在了楼下。这只是因试听后，觉得楼下更喜欢和合适一点。

鞋是穿在我自己脚上，舒不舒服，只有我自己知道，我清楚自己喜欢什么，需要什么。

此前，听过两次孙侃先生的讲座，挺喜欢他的深刻与深度，还有直白。

　　我只是个无聊而不挑剔的听客,还有点顽固,能遵从自己的喜好,而根本不在意那所谓的"知名"与"著名"的细微区别。

　　当然,我从来不会怀疑楼上的精彩与实力。如果不必二选一,我肯定也坐在二楼里。只是相比较而言,楼下更适合我些。

　　我是无法改变他人的,但我却要试着主宰自己。

　　在一楼,不仅主讲的孙侃先生和听众一样孤单,就连他讲的王安忆最新长篇小说《匿名》也是孤独的。据孙老师介绍,这本小说的读者不超过千人。不过他坚信,历史必将会给这本不可多得的小说一个公正的说法,这还需要时间,需要等待。

　　人少,孙侃先生依然淡定,侃侃而谈,不急不躁,讲至最后,令人肃然起敬,深受感动。显然,他是精心准备的。事后,他还在朋友圈里说:"听者虽然不多,但只要有人仍在热爱,就值得坚守。"

　　此前,我听过孙侃先生的讲座,能很明显感受到他对文学和小说的认真和热爱,以及执着的坚守。也正因为他肚里有货,底气足,方能出口成章,有所思,有所感,淡定从容,这不是一般人所能做到的。

　　"艺术来自生活,这没错,但在写作上,还有比这更为重要的,那就是想象。"

　　"小说不应以故事情节来取胜,更不应是亲历故事的重复,因为,你再怎么写,也超不过每天的报纸。"

　　"当下最可怕的是作者被商业绑架,一旦被绑,就很难有突破了。"

"是迎合读者,还是坚守自我,这是个难题,王安忆选择了坚守,实在不易。"

遗憾的是,我今天拎去的布袋子,竟然没装笔记本,到了浙图,才发现是前一晚上因抄录几句话,忘记放回了。

说句实话,他提及的这些小说,我一本也没读过,更别提仔细了,肤浅也就成必然了。

坐在台下的我,要求还是很低的,只期能收获一两句有用的话。

在听讲期间,意外收到侄女发来的一张照片,那是特意在家乡新华书店以我们的书为背景拍的,这也令我有些感慨:这或许也是一种深远而积极的能量共享吧。

下午2点整,我在楼上听了道富银行全球市场数据库大结构副总裁唐伟主讲的"讲时代广场故事,看美国社会百态"。

一边听,我一边在朋友圈里感叹:"一个中国人,在拍录并讲述美国时代广场的故事。期待能有一个美国人,记录并回去讲讲《四库全书》的故事。"

在听讲前,我在楼下看了一个关于《四库全书》的"文澜遗珍"展览。

楼上楼下,人多人少,国内国外,从众坚守,虽皆由你我。这是个问题,又不是个问题。

2016年12月10日于杭州市曲荷巷18号

想想，有味

　　"沈先生给我的信上说：'我希望有些人不要骂我，不相信，还是要骂。根本连我写什么也不看，只图个痛快。于是骂倒了。真的倒了。但是究竟是谁的损失？'"

　　这是汪曾祺先生1988年8月24日给沈从文著的《花花朵朵坛坛罐罐》作的序《沈从文转业之谜》中的一段话。读到这几句话时，我忍不住笑了。

　　特别是"根本连我写什么也不看，只图个痛快"这话写得很风趣，很真实，也很中肯，至今犹有所感。我，也能对上号。

　　重度雾霾仍在持续，此刻的我，抬头看看杭州真实的天，再低头瞧瞧微友晒出的家乡庆元蓝，便对"舍得"这个颇具中国特色哲理味的词儿，有了别样的更深体悟。

据说,今年女性服装就盛行一种灰蒙蒙的蓝,还美其名曰雾霾蓝。

灰蒙蒙的天,灰溜溜的人,势必会灰心丧气。幸好,我有西湖山水。

太阳、星星、月亮都难得一见了,匪夷所思的事情一多,自然也就见怪不怪。

大冷天,白堤上,风雨里,一大群中年男女,骑着红自行车,伴着乐,挥着手,淋着雨,好生淋漓畅快。

"务快其心,逆于生乐。"自《黄帝内经》所载以来,今时之人亦然。

午后,孤山,浙博。笛箫演奏家陈杭明先生正与大家说笛,听笛,溯源中国竹笛。而边上的博物馆里就珍藏着河姆渡骨哨、骨笛,穿越7000年的时空,悠远博大。

"笛者,涤也。琴者,禁也。笛,直抒胸意,可以涤荡邪气。"陈杭明先生如是说。

我是乐盲,得主动接受改造,依然选在了第一排。边上坐一老太,拿个手机不停拍。当我无意侧头环视时,无意中与老人四目相对,是我主动先微笑的,只是想示个好。不料,对方竟是满脸的凝重,绷得如铁般紧实,绝无丝毫笑意。

我也瞬间抢回笑脸,心里还有些后悔自己自作多情,轻示友好,自找尴尬。

事实上,此前我已有过类似的教训,印象还很深刻。某日,我接到一电话质询,我如实相告,还在中间附了点零星的笑声,以试图缓和极具压迫感的严肃气氛,同时,以示尊重。不料,即刻被对方反问道:"你说的,都是真的吗? 你怎么在笑。"

刹那间,我心里嘀咕,咋疑成这样了。看来切不可轻笑,哪怕是浅浅的也不可。而再一联系时下民间见面广泛流行的口头禅"这事是真的? 还是假的?"也就不难理解了。其实,我也常会这样疑问。

"君子坦荡荡,小人长戚戚。""天下之无道也久矣,天将以夫子为木铎。"《论语》早就曾这样言过,至今依然。

真真假假,假假真真。深深浅浅,浅浅深深。

古今亦然,何解? 道也? 本性也? 天命也? 想想,有味。

2017年1月5日于杭州市曲荷巷18号

一句足矣

听听，想想，写写。常坐第一排，我要求是很低的，每听一场讲座，只要能听进一句话，便足矣。

昨天下午，去浙大玉泉校区，我本想找到浙大医院看冯利平中医生的，因其休息，未遇。年初，长咳不止，多地轮诊均不见效，无意挂号，撞见了她，一把脉后说，过敏。不想，果真痊愈。不禁感慨，凡事找到根，也就简单了。

冷雨中，骑行欲折返，被路边"社企时代"活动横幅给吸引，按标注指引，遂至小剧场。不想，在这里遇见了冰心女儿吴青先生。听毕她的演讲，也就三个字：人、爱、信。中场我因事离开，但这三个字，却记下了。

人生充满选择，但不论做什么样的抉择，都应当尽量优先遵从于内心的真实需求，而不应简单地追随与盲从，特别是不要轻易受到外在洪流的干扰和影响，而背离真实的自我。

就安家而言，我始终坚持适合与便利原则。现今安家在曲荷巷，就特别适合我，离单位自行车20分钟左右，而距我常去的浙图以及附近的浙大玉泉校区和西溪校区，步行也就一刻钟左右，更难得的是，女儿就读的十五中与浙大玉泉校区仅一墙之隔。如今想来，时常为当初的抉择而感到庆幸与欣慰。

挤点时间，去听听，总是好的。回程的雨中，我不由感慨于浙大年轻学子的青春、活力、开创、独立。我此生虽有大学的文凭，却未有大学的亲历，这是完全不同的两码事。至如今这个年纪，未老先衰，也不觉得遗憾了，更觉得无须刻意去弥补什么，这是时代造就的。

这与《读者》标榜的"站在超人的肩膀上起飞"广告有些不同，因为，我已过时，起飞无望，只是兴趣，去听点，想学点，来写点，哪怕一句也足矣。

不过，说起台上的"超人"，那是一点也不为过。作家袁敏先生今天主讲的"行走，也是一种阅读"，同样很有启发与哲理。这也难怪有读者在互动环节这样感慨道："听了你这样的作家分享，才发觉与以前听到的旅游攻略讲座分享，是完全不一样的。突然间，我感觉以前听到的肤浅了。"

自我心里对比后，由巨大落差带来的冲击感，我早有体味，极为强烈，唯有在现场方能感知。

此生或许已不可能如袁敏先生那样去周游世界了，也不可能到南北极和亚马孙河去畅游了，当然，更不会如她那样在行前皆会抱回十几本书来备课深耕。为此，不得不庆幸，有浙图，有讲座，也算是听着去神游了一把，不仅图文并茂，还有他们与众不同的审视角度，以及更加周全的理性思考方式，都是难能可贵的。

如今，有了微信，沟通也非常方便。通过浙图讲座这个平台，我加了很多主讲"超人"为好友，时常能从他们的朋友圈里读到很多好东西，更能时时从他们的行动中受到感染，获取正能量。比如讲座中认识的斯舜威先生，每早皆会晒他的书法习作，时时激励和引领并时常提醒我"行有余力则学文"，要常去诵读经典，多动笔。

我刚走出浙图，就看到曾在浙图主讲的浙江理工大学艺术学院陈芸老师在朋友圈发的感言："我认为关键是心态，态度决定一切！外面的世界再污浊、再荒凉、再冷漠，也要勇敢、真诚、乐观地开辟和培育心灵的一片绿洲，而艺术审美恰恰滋养了性灵，履行它的救赎使命就可以避免患上'现代病症'。所以，在现代社会，艺术创作也好，艺术审美也好，艺术教育也好，它们能在一定的时空领域暂时阻隔外在世界的浮华、喧嚣、欢闹和各种功利性的侵入，浸淫在艺术的天地中，净化心灵，拓展思维，开阔格局，提升境界……一言以蔽之，艺术大有作为。"

她的这一观点，我深表赞同。他们是能准确表达的，而我却有些蹩脚。其实，我就深深受益于各种讲座，这就有如在我的心灵四周筑就一道铁桶般严实的保护层，能时刻护佑滋润我。

这也亦如同袁敏先生对旅行的体悟那样："我们需要保持一种对未知的

敬畏，我们更需要对未知充满一种探究的好奇。如此，我们才不会故步自封，才有可能让自己永远新鲜。"

也正是受到她讲座中有关亚马孙河岸边居民为尊严不主动接受捐赠的启发。我也决定通过自己的努力试试，此后的"文学梦"基金，不接受任何的捐赠，而是坚持依托经营好博库网微店，以此来实现自己的梦想。

听讲，既是一种阅读，也是一种旅行，更是一种升华。

因我先天笨愚，也就不敢奢求得到太多，只期望能通过这样简单重复听讲，每场收获一点点，前进一小小步，便已是很知足了。

就此种种，若是一句便够，我想那也只有是：安好，足矣。

2017年1月7日于杭州市曲荷巷18号

大朋归来，乐乎

　　曾记得，二月里，诸学友，齐聚梅家坞，茶海诵读，送别顾大朋先生去援疆。不想，转眼间，盛夏已临，顾大朋先生暑期归来，继续引领大家诵读讲解《论语》。

　　此次诵读，地点由原来的西湖北边的北山街38号杭州国画院美术馆，移师至南岸的虎跑路31号杭州国画院，同时，从每周一读（周一），改为两读（周一、周三）。

　　援疆归来的顾大朋先生依然清瘦，齐脖短发，褐红边眼镜框，着深蓝旗袍，略显黝黑。满腹经纶与"腹有诗书气自华"皆适用于她。大朋归来，不亦乐乎。第一课，老师还给大家带来新疆葡萄干和梅干，分享了她这五个月在疆的经历。席间，她说："新疆比我们这里更需要我，也更需要国学，我应当到祖国最需要的地方去，以此来报效自己的国家。国家有需要，愿意延长时间。"她的一番话，真诚满满，引来掌声雷动，使我印象颇深。

一介"80后"书生，一个柔弱女子，胸中亦能装有家国，这是何等气概与胸怀？顾大朋先生不远万里，前去援疆，满腔热血，乐此不疲，无怨无悔。如今，她一归来，冒暑来回，坚持授课，毫无怨言，表里如一，尽心尽责，尽显一位学者与老师的风范，我的敬意油然而生。其在浙江外国语学院能连续多年被学生们评为"最受欢迎的老师"，名副其实，实至名归，乃民族之幸事。

"正其谊不谋其利，明其道不计其功。"相比之下，同为知识分子，胸中之格局与情怀，悬殊之巨大，想来着实令人感慨。

虎跑路31号，位于钱塘江大桥左岸引桥头边上，六和塔也在附近，如此偏远的茂林之地，不论与谁从哪个方向前往，皆有较远的距离。仅以我所在单位的省府路，在地图上显示就有8公里多，而原来的北山街，仅有百米之遥。

如果再加上"截至7月25日中央气象台已连续发布19天高温预警，全国97个县市最高气温达40℃，19个县市突破历史极值，江浙沪地区尤为明显"这样的烈日天气，如此毫无约束的公众免费课程，不论是身体上，还是在心理上，皆是一种纠结，更是一次考验。随手为自己捡起个不起眼的理由，便能轻松说服自己，留在家中安享空调的凉爽。

去与不去，全在自我，在一念间。

你我皆不是最远的，也不是最辛苦的。女儿小学同学郑启跃的妈妈，下班后顾不上吃饭，小电驴匆忙骑行25公里，那才真叫人感动，路上花费的时间，已远超一堂课的一个半小时。在满满一堂人之中，可以肯定，她不是个案。

领读，齐诵，听讲。之乎者也，夜响绿野，唱和钱江潮。

夏读三九，轻不言弃，学富五车不多，这力量来自哪里？见贤思齐？远离小人？传统文化的魅力？自我学习的迫切需求？台上师者风范的引力？抑或是"子曰：不怨天，不尤人，下学而上达"？灵魂迷失，寻找归属？……

皆是，又皆不是，难以言说。就一事无成的我而言，这只能算是消耗生命的无知而无用之学吧。

2017年7月27日晚于杭州市曲荷巷18号

学两年小记

　　2017年8月28日晚,农历七夕夜,特约上台州的张良、徐灵波等好友,匆忙奔至六和塔附近的杭州国画院,读《论语》,听顾大朋先生讲课。

　　课后,再叙,诸人皆感叹,对国学、对文化,亦对先生。让身边亲友亲临现场,感受传统文化的魅力,这是我想做的,也是能做的,唯有如此方更具信服力。

　　8月30日晚,是顾先生离浙赴疆前的"最后一课"。不曾忘,春日里"茶海诵读,梅坞品茗"学友别时的热泪,亦不曾忘夏日暑期"第一课"分享葡萄干时的甘甜。不想,两月已逝,又是初秋临别时。

　　回望,当初刚得知读书地点因装修由北山街38号移转至虎跑路21号时,"这么远啊"的恐惧感依然存在。幸好,未被吓倒,没有放弃。两个月过后，竟慢慢不觉远。坚持的，不止我一人，还有很多学友，尽管大部分名字还叫上不来。

即将远行，援疆报国。临行"最后一课"，顾先生特意留了半个小时，给大家发言交流，并嘱托由我主持，还特别邀请杭州国画院院长金鉴才先生参加。不知，从何时起，学友们都称我为"班长"，这也是此生我唯一一次当班长。一路走来，成绩平平，业绩平平，未能成器，适宜当卒，性格使然。

班长也好，主持也罢，之所以欣然受领，主要是因为深感这两年来收获太多，理应要为先生、学友、国画院，以及他人，尽力做点什么，只求安心。

课后，一场以"钱塘江畔，话别先生——杭州国画院经典传习·论语班两周年交流欢送会"为主题的话别会，在"长亭外，古道边"的童声伴唱中拉开了，又终于众人的齐唱声中。此地，距李叔同先生出家地虎跑不足千米，别有深意，令人感慨。

席间，学友感慨陈言，顾先生热泪盈眶。

话别会准备匆忙，由我主持，江郎才尽，庆幸平时曾上台练场，方能勉强撑持。

处处皆是浪淘沙，在这场既没有考试，又没有任何要求的读书活动中，完全靠个人自觉与自发，能坚持到最后的，毕竟是极少数。自2015年9月14日晚顾先生在北山街38号的杭州国画院美术馆开讲以来，来来往往，至两年后的今天，仍能到场的还有三人。

我是在一次蹭课中偶遇顾先生的，经其指引，中途加入，其间有过停歇，渐渐地，除出差外，不论刮风下雨，暑去冬来——"念终始典于学"，独爱第一排。

"床头相伴一灯青，碌碌空嗟无事成。浪迹钱塘君莫笑，徐娘半老做书生。"学友杜琳瑛几年前写的这首诗，颇为精准，至少是道出了我的心声。学友来自各行各业，有男女，有老少，皆是有情怀，又喜读诗书的普通人。

顾先生说，读经典之书，至少得花上十年，如此看来，"十年寒窗"是实数。如今方才两年，而且还是三天晒网的虚数，还早着呢。先生还说"读经典是为了提高判断力"，这在极易简单盲从的互联网时代，意义非同一般。

在我个人看来，这样的读书学习，更像是在过日子，走去，过去，混去，便是了。既然还活着，有吃穿，总得找一个在别人看来特别美好的理由，来把我自己为数不多的这日子给消耗掉。

巾帼皆能报国去，尔等却在此虚度。人和人之间的差别，就是这么大，回望自己走过的四十余年，自知天生笨愚，不会讨巧，坦然接受我之现实，简而概之，便是一事无成：求学无成，教书无成，记者无成，写作无成，育女无成，如今四十有余，去读书也是无成。

事事皆不成，一生终无用，哪里还有不知命呢？百无一用是书生。一穷书生，不读书，还能干啥？对啊，啥？也不会！

总之，学两年，知无知，渐喜欢，羞下笔，仍需学。

2017年9月9日于杭州市曲荷巷18号

心中存人

人啊，心有梦想就是好，哪怕只有一点点也好。

哪怕就是站在街边地上，摆个摊，自弹自唱，敲敲打打，即便经常被驱离，我猜想那一定也是快乐而美丽的，因为至少曾经令我们这些过往的行人羡慕与感动过。

哪怕就是跟跟班，紧随滚滚人流，别说是名次，哪怕连个人影也未曾给别人留下，也总算是亲自参加过今日的杭州马拉松，同样也是快乐和自豪的，个中享受的滋味只有自知。

哪怕你匆忙赶到浙图，才刚刚坐定，立即便被主讲人徐涛先生带入绘声绘色的语言魅力境地，手机却又突然响起，一好友觅来，要至家中取东西。扫兴，是必然的，可是为了不让人家久等，即便是心中有一百个不乐意，也得要离席返家。一来一去，匆匆忙忙，再次坐定，讲座已过半。

这就是生活的本味，不论你个人是否喜欢，依然要接受各种始终的存在。人生，不如意事常十之八九，但若是心中还存有丝毫的梦想，还能有所爱，至少还会找到些小小的乐子，打发无聊而重复的日子，为自己留个稍显美丽的借口，以便冲淡和忘记那些其实什么也不算的种种不快与烦恼。

自我找乐子，这也应算是一种本能吧。

主讲人、杭州广播电视台徐涛先生，非科班出身，仅因从小喜欢模仿名家，成为专业的主持，他在台上分享了"如何提高语言表现力"的经验与心得。

"对着镜子模仿练习。""提升自己品位。""博学众长。"

"不要忽略每一个词，每个字。""把自己的身段降下来。"

"要学会讲故事。""不要怕难为情，要解放人之天性。"

"要眼里有人，要有眼睛交流，心中有人，心中有观众。"

"是有天赋的。"

……

此上种种，虽略显杂乱，但字字句句，皆是徐涛先生的实践经验，真实感悟，这实属不易，听来很受用。特别是其与观众的互动，可谓是步步为营，机智幽默，融洽深入，火热一片，非一般人所能为。

类似徐涛先生这样的实践者，属于实力派，见解独特，句句管用，很接地气。这往往是那些科班主讲者欠缺的。

　　这是浙图"文澜朗诵团"系列讲座之一。自该团成立起,我便时常去蹭课,却一直没有报名参加成为正式一员,主要是因为觉得自己不是这块料,且加入后需要常常定时集中讲练,又要奔走演出,过于繁杂,压力太大,易成为负担,不太适合我。

　　语言,是艺术,更是门细活、技术活,虽人人皆会,但差距大。

　　我曾听过几位知名大家的课,其头衔多多,满腹经纶,名声如雷,但在台上一开讲,却毫无新意,味同嚼蜡,令我大失所望。我料想,一定是他们心中无听众,高高在上,只知单向讲授造成的。

　　有才华与会说,还是两回事。

　　说起演讲,去年年底,我与铁建设先生出差同行遂昌时,在回来车上,我们进行交流。他特意同我分享了三点经验,据说这是他早年读到的有关列宁演讲方法的大致意思,已受用一生。他说,一你要知道你的听众想听什么;二是你要用他们听得懂的语句概括;三是你要把你的听众当成完全不懂去演讲。

2016年11月6日

茶海诵读

不期而遇与如约而至，皆很美妙，不亦乐乎，令人神往。

我们曾经，在周一夜里，西湖边，风雨无阻，在杭州国画院的地下室里不期而遇——一起跟着大朋先生读《论语》。

我们如今，在雨水这天，梅家坞，其乐融融，相约在时雨茶居的露天阳台上——一同送别大朋老师去援疆。

人生，总会有太多的遇见，因而有无数的美好。比如，高山遇见流水，好茶遇上好水，我邂逅你们。

还未成行，便已怀想，常常的。不难想见，春三月，绿海聚，齐诵读，茶香闻，那又将会是多么地舒坦自如，不可言喻。

果真如是。2017年2月18日，恰逢二十四节气之雨水。无雨，还有暖阳、茶海诵读、梅坞品茗，必定是美不胜收的。领读者，年纪最小，是顾老师的女儿，仅四五岁的样子。

显然，这是在重现"莫春者，春服既成，冠者五六人，童子六七人，浴乎沂，风乎舞雩，咏而归"的场景。

这四十多人，说是学友，其实很多我连名字都叫不上来，也对不上号！自发的，皆如此，高矮、胖瘦、老少、男女皆有。

"每一次夜里奔赴周一的《论语》课堂，是我最贴近自己内心的时刻。因为在这途中，我感觉到自己还拥有诗与当下。即将与一场文化盛宴的邂逅，与我而言，不亚于一场期待已久的约会。"这是萧山祝美芬老师的感言。我们想说的，她都给说了，精准。

她还说："每一次，都被这一遍一遍的全体齐读震撼。在课堂现场，男女老少在这一刻都表现得如此认真好学，让我感受到我们的社会很有希望的样子。"

"学习知识的姿态在我眼里，是最美的样子。"

"每次聆听顾老师的旁征博引、精彩讲解，都如同品了一杯自己最爱的星巴克焦糖玛奇朵抑或是宜昌老街的卡布奇诺，又如同阅读了一本好书，或是看了一部耐看的韩剧……这种享受，旁人不可体验也，除了在场的学友。"

台上台下，能聚在一起的，皆非一般人。

此外，我在心里常常这样想，但凡能自发前来读书的人，肯定是坏不到哪里去的，这样的人应该值得交往，至少能坦荡荡、心安安。也正是基于这样的想法，才热心主动组织这样一次读书活动，以表敬意，齐祝安好，送别老师。

有人说，诗歌、文学、宗教，三者是软化人心的法宝。这也就难怪顾大朋先生的泪点低，当着这群参差不齐学生的面，几度哽咽，有时只是因为，大家向她鞠一躬，道一声老师好。她说，在这里收获很多，是意想不到的。不仅如此，她的学生也这样，说着说着，眼眶便红了。

淡淡的忧愁，柔软如水，看不见摸不着，却很有力量。在我看来，就此别过，气氛也不太过于悲凉。因为，师在，书在，我在，你亦在。

这水，是刚打的山泉水。这茶，是自产的龙井茶。时雨茶居的主人也说了："这么有意义，免费吃茶！"

既然如此，那就好好来品一品，这水、这茶、这人。

2017年2月20日于杭州市曲荷巷18号

第二辑　生活哲思

大彬老师说——

生活是一本书，蕴含着深刻的哲理，

需要我们细细品读。

每个人都要体会生活的酸甜苦辣。

在这个纷扰的世界里，

学会用一颗平常心对待周围的一切，

宠辱不惊，闲读经典，也是人生一种境界。

大学之憾

一直感到很遗憾，自己这辈子竟然没能读上几年大学。

如今有许多大学，只要花点钱，想去上还是可以的。然而，让我感到遗憾的大学，绝非这类为混文凭而生的大学，而是那种正规的大学。虽然如今也依然能参加高考，但时光却不能倒流，回到曾经年轻的我。与其说我是遗憾没能成为一名全日制大学生，还不如说我是惋惜没能在青春年华成为一名大学生。

特别是在上周日的下午，当我到由厦门大学在杭州组织的西湖论坛去蹭课时，其中有一段关于厦大的宣传纪录片，看得我怦然心动，在不知不觉中又将沉没在心底的那点东西给漾出来了。看着那些画面，我打心眼里羡慕他们的青春与活力，当然，还对大学校园那独有的氛围充满憧憬。

"你是哪个学校毕业的？"在工作中曾经N次遇到这样的提问。

"我师范毕业的，龙泉师范。"每每此时，我总是毫不遮掩地如实回答，有时甚至还会在后面补上一句："师范就是中专。"

对于这个问题，我始终是坚持这样回答的，这是事实，我始终认为完全没有必要为了满足那么一点点虚荣心而去编造。当然，我时常也会在心里冒出一句带有几分不服气的潜台词："师范毕业又怎么了，我就这样。"嘴上如实回答，心里却悄然紧随着一丝自卑感。

上大学与拿大学文凭应该是天差地别的两码事。自己那些通过自考与函授获得的文凭，只是一张证明而已，为了文凭而文凭也没啥好说的，大家都这样。

我的大学之憾根源何在？仅仅是因为那一丝自卑感，还是站在城外想城内的心理使然？思来想去，大学最能吸引我的恐怕还是那些充满智慧的老师。西南联大梅贻琦校长曾经说过："所谓大学者，非谓有大楼之谓也，有大师之谓也。"这话给我留下了极深的印象。

对于这些所谓的大师，因为没有机会在校园中请教，只能通过其他途径见识他们的风采了。最近一年来，我经常在浙图里的讲座上见识大师们的博学与风采。暂且不提其他人，仅去年那位来自厦门大学的易中天先生，在其开讲的那一天，一个能容四五百人的偌大礼堂里，连地上都坐满了人，那种场面与当红明星有的一拼。那天，我们一家三口就是坐在地上聆听他讲"先秦的政治智慧"。

对于上大学，我心里有遗憾，但并不抱怨父母。因为自小在农村长大，父母又是目不识丁的农民，这就注定了自己在许多与文化有关的方面是有亏欠和先天不足的。当然，也会注定我在其他方面会很富足，比如如何种地、怎么样使用锄头等等。

我一直非常理解，对于父母这样的纯农民来说，注定就是不知大学的门是朝向何方，为何人而开的。他们只是简单地知道，孩子只要能考上去有书读，出来可以"做工作"，就是最大的好事。至于中专与大学是有区别的等等，那是很遥远的事，统统与他们无关。

我原来也应该是农民，因为我与他们一样，也是什么也不懂。等到后来慢慢懂了些，却已经长大了，工作了，定形了，也早就错过了。

或许是因为知道已经失去太多，总想能在遗憾中拥有更多。都快四十了，也总还是想去蹭一点，抢一点，好让内心的那点遗憾能安分老实些，别老是跑出来起哄。

饥不择食，还想吃白食，天下哪有这样的好事？杭州的浙图就有这样的奇遇。每当听完一次课，我都会发自内心地感谢浙图，感谢有杭州这块人才洼地，汇聚了四面八方精英，能让我无偿享受美美的"馅饼"。

我自去年来到杭州后，几乎每周都会到浙图去听"文澜讲坛"免费讲座，还做了满满的一本笔记。我想，我应该是杭州市公共文化服务体系的最大受益者之一。

这不，就在刚刚过去的这个双休日里，我又全都泡在浙图的讲座里，连续聆听了四位大家的讲座，其中有两位是来自国防大学的李莉和金一南教授，他们可都是央视军事栏目的著名评论员。听完他们在台上纵论国家周边安全以后，我竟然对军事产生了浓厚的兴趣，回来后就开始关注军事方面的新闻。

而另外一位来自浙江工业大学的彭万隆教授，则将自己对"梅妻鹤子"——宋初隐士林逋与西湖之美的研究和盘托出。刹那间，我惊叹自己曾经去过无数次孤山，竟然不知道孤山还曾经有过一位隐居20年的高人，内心更为自己的无知而感到羞愧难当。

大凡能走上讲台的人，无论是口才还是智慧，都有过人之处。他们总有一片属于自己的钻研领域，而且能坚持不懈地做下去，既精又专，最终成为某一领域的佼佼者。

就在这一年里，我还发现面对如此丰富精彩的免费午餐，真正有兴趣享用的人并不太多，基本上都是银发一族，而且每周都参加的人基本上也很固定，年轻人的身影并不多。他们都去干什么了？睡觉、赚钱、游玩……我想，或许是因为他们这一代人都曾经上过大学，耳朵早听这些教授的课都听出茧子来了，哪里还会主动来找罪受啊。

这应该又是一个无奈的围城困局。一个人只有当内心真正有需要的时候，才会产生浓厚的兴趣和无穷的动力。

事实上，有一点我至今也没有想明白，那就是我喜欢在周末去听各种各样的讲座，每周都乐此不疲。细细想来，要说到底能有多大收获，我还真的说不出来。反正，我只是觉得听着挺有意思的，也很充实，况且还是免费的，何乐而不为呢？何况我常在心里呐喊："如果能重来，我要上大学。"如今，有的蹭，何不先蹭点来再说呢？

遥想当年的林逋又何尝不是这样呢？他终身不娶，不仕无子，在孤山一隐就是20年，从未进过城，除了作画写诗，就是养鹤赏梅、泛舟会友，写下了"疏影横斜水清浅，暗香浮动月黄昏"，描绘梅花清幽香逸的风姿，被誉为千古咏梅绝唱，开启梅品之天地。其乐融融，又有谁能懂呢？

既然乐之，暂且为之吧！

2012年12月11日于杭州仁谐路2号

有意义，试着做

明明是要向前走三步的，我常常会立即快速向前迈出一小步，接着又在犹豫中后退半步，想了想，壮壮胆，然后再向前走完剩下的那几步，持之以恒，绝不放弃，直至终点。

这也算是我个人较为典型的行事风格吧。因为我是简单的人，容易脑子发热。也正是凭此德性，我办成了一些自己想办而又自认为是很有意义的小事和好事。至于退那半步，主要是因为怀疑方向正确与否，还需要寻找到能坚持下去的理由。

事实上，我们大部分人都普通平常，活在这个世上是可有可无、无足轻重的。换句话来说，便是没你地球照转。

正因为是无足轻重的普通人，无法主宰和影响改变他人，我也只能跟着感觉走，试着影响和改变自己，以及身边的人，一点一滴试着去做。

这样的影响与改变，尽管是有限的，也是微小的，却能从身边人那里得到印证和肯定。特别是自己的亲友，离得近，知根底，有信任基础，他们最易受到波及与影响。

是"宝"还是"草"，也是因人而异的。我认为，只要是自己认定有意义的好事，哪怕别人或许不理解，甚至有非议，也值得去试一试，做一做。如今但凡有亲朋好友来杭州，我就常常喜欢带他们去听讲座、看演出，让他们在现场亲身感受文化的力量。虽然有些勉为其难，但我深感意义非同寻常，常乐而为之。我自己也常会在微信里晒自己的周末浙图行踪，始终坐在第一排。我觉得，这就是一种积极影响，是正能量，同样很有意义。

前段时间，仅有初中文化的哥哥来到杭州，我特意带他去浙图听了一次讲座，刚好是他有亲身经历的企业管理和文化方面。哥哥听完很是喜欢，还现场录音，回去反复放着听，说很有收获。

春节后，在庆元受邀谈及"文化引流"时，我也拉上哥哥一同前往。开始时，他觉得自己没什么文化，又不善言辞，性格内向，不太合群，有些犹豫。几经动员，终还是成行。

我觉得，即使是坐在边上，去听听，也很有意义。

不过，最近我从微信中获知，哥哥现在已经成为庆元各种讲坛活动的常客。就在昨日，他还主动报名参加由双枪竹木举办的"浙江大学庆元精英班（第四期）"免费培训，也选择了坐在第一排，还认真做笔记。

对此，他说，是受我影响，深有启发，听听收获不少。

前几天，我还听姐姐讲，正上二年级的外甥柳博文正在阅读我们的书，而且读了两遍，不停地问这问那。

这或许也就种下了一颗积极向上的文化种子，影响深远，必将很有意义。

"名师指路，成功起步。"这绝非空谈。名师高明的关键，还在于思考问题的深度与想问题的角度，与众不同，非同一般，极具启发性。

有时，冲动是魔鬼，有时，冲动却是法宝，特别是在做有意义的事，就需要一些冲动。

或许是年纪大起来了吧，时常念及家乡，也很想尽己所能，能为家乡做点有意义的事，也不为了什么，只是想做、乐做而已。或许，只是一厢情愿，但因为有意义，还是想着去试试。能力有限，力量也微小，但仍想去试试，没想过回报，只是想感恩。

正因为如此，在4月4日这天，我以个人名义发了一封倡议书，希望能有更多人去庆元，参与"文化引智"工程，支持家乡文化事业发展。

因为有意义，我想试一试。发倡议是我个人的事，而别人愿否前去，那是别人的情怀与修养。

倡议书是这样写的，也很有意义。

浙西南，庆元，中国生态第一县，路很远，天很蓝，距离杭州近500公里，高铁到丽水，还要换乘大巴。

庆元香菇,独一无二;庆元,生态;庆元,方言;庆元,木拱廊桥。因为地方偏远,文化土层浅薄,迫切需要支持!

倡议:在外庆元人,不论身在何方,只要有一技之长,英雄不问出处,烦请利用回乡之机,主动联络,走上讲台,与父老乡亲分享点滴。感恩家乡,传播正能量。

今年,建设书香庆元,文化引智工程,在新天地,在新华书店,在各乡镇,设立固定讲坛,分享心得,传播智慧,共同学习。如今急缺优秀讲师,特别是外地优秀讲师。

倡议:走过路过的朋友,也能挤出点时间,来上一堂公益课,内容不限,日行一善,利人利己,功德无量。

请相信,此生你若是能来"中国生态第一县"庆元上一堂公开课,绝对不枉此行。

我常在盼想,若是将来有一天,到"中国生态第一县"庆元上一堂公益课,能成为文化人到庆元旅行时,另一种独特的追求与向往,甚至是一种流行与风尚,那该有多好!

我觉得很有意义,没多想,便去试着做一做。不想,很快就得到在杭庆元人林文飞、吴育红、陈启秒等人,以及非庆元的顾大朋、林飞军、刘志勤、王晓剑、陈芸等好友的响应和支持。

按我个人的感觉,但凡能常走上讲台的,皆有一颗柔软的心,一种非凡的情怀,外加一身绝世的本领。这也不是每一个普通人都能拥有的。我的

要求并不高,只要能约请到一人前去,能影响到家乡的一个人,便是收获,便是成功。

如此有意义的事情,又有什么理由不去做呢?我觉得可以试试,即便是一厢情愿,也值得去试。

验证需要时间,二三十年以后,再来看看,让我们拭目以待。

2017年4月9日于杭州市曲荷巷18号

靠近中医

人生路上，所有遇见，均是一个个奇妙而妥当的安排。

走着，走着，遇到的那些人，那些事，那些景，总会或多或少改变和影响着你我，影响小的，只是稍稍偏移；而影响大的，则可能是个大拐弯，甚至会是颠覆式的大逆转。我遇见中医便属于后者。

最近，我正努力试图主动靠近中医，一点点靠近。

不久前，我在"喜马拉雅听书"APP上先后听了北京中医药大学曲黎敏先生和"中国之声"梁冬对话徐文兵先生的中医文化系列讲座，增添了不少兴趣。

最近，我又买来《黄帝内经》，晚间闲来无聊时，独自在屋里大声诵读，当然，只是简单重复，诵过便算，不求甚解。

当然，这也要得益于顾大朋先生在杭州国画院《论语》课堂上的引言："朱子曰：'荀子说诵数以贯之，见得古人诵书亦记遍数，乃知横渠（北宋张载）教人读书必须成诵，真道学第一义。遍数已足，而未成诵，必欲成诵；遍数未足，虽已成诵，必满遍数。'"

提及中医，古人曾有云："为人子女，以不知医为不孝。为人父母，以不知医为不慈。"

显然，在这一点上，我们与父辈相比要逊色很多，他们知道得要比我们多得多，做得也比我们好很多。过去，老家乡村就医不便，若是我们有个头痛脑热，他们总会自己去抓些草药，解决问题。尽管他们目不识丁，也从来不承认自己会看病，但却能活学活用，将偏方代代相传。对于父辈们这些广为流传的民间草方，我曾经将信将疑，甚至是有些不屑的。

内心的焦虑与迷茫，十有八九是因为无知造成的，人只有不断学习，了解足够多的常识，知其所以然，方能更加淡定。

最近，在粗读《黄帝内经》时，我懂得了很多有关人的成长规律性常识，在如何处理与孩子的关系上获得了很多启发和帮助。读着读着，自己也豁达淡定了许多。

对于我来说，靠近中医，诵读《黄帝内经》，这也只是玩玩的，仅仅是因为一时兴起，为打发时间，凭兴趣去读一点，顺便了解点常识，能有多少算多少。再说，年过四十也很有必要知道些医学常识。事实上，我这辈子既不可能成为中医，也没必要去当医生，更何况我压根不是当医生的料。

当然，说起中医令我刮目相看的缘由，这与丽水中心医院中医科刘志勤主任中医师有关。

记得在十多年以前，年幼的女儿经常咳喘，我带女儿四处求医，常去医院挂针，反反复复，却始终不见好转，还对诸多西药产生了过敏。后来，在好友引见下，我认识了刘志勤医生。不想，几贴中药下去，竟然奇迹般地见效了，女儿不久后便痊愈了，且再未复发。

自那以后，我不禁对中医的神奇赞叹不已，深信不疑，而且只要一有不适，首先就想到中医，想到刘志勤医生。以至于，后来调到了杭州，在每每患病不适时，我还时常念叨刘志勤医生的好，并为此深感不便和遗憾。

我眼中的刘志勤医生不仅医术高明，而且儒雅、谦和、热情、温良，自见面起，就留下了极为深刻的好印象。

在学习《黄帝内经》后，我曾在心里数次慨叹传统中医文化的伟大与精妙，能将一个人改造得如此精到。在刘志勤医生言行举止中，我很快就能读出"形与神俱""阴阳平和""恬淡虚无""高下不相慕"等等中医文化元素，而且是体现表里如一，淋漓尽致，恰到好处，令人折服。

多年的交往，我们和刘志勤医生，由医患成为好友。亲朋好友求医问药遇到困难时，我常推荐他们去找她，也无须打电话交代，让他们直接上门，报上我名字即可。从事后反馈来看，亲友们均能得到很好的礼遇诊疗，这也曾令我能有这样的医生朋友而暗自得意。

后来我才慢慢发现，在刘志勤医生那里，并不会因为是熟人就享受到特殊的礼遇。在她眼中，每一个病人都是一样的，而我也仅仅是她诸多患者兼好友中的一员。

在医患关系如此紧张的今天，刘志勤医生依然坚持把自己的手机号码告诉每一个有需要的病人。她说，这样既方便人家问询，也可能防止急需时误用药，其实也是在保护自己的安全。这也使得我进一步体味到"医者仁心"的真正要义。

不久前，路过丽水，我特意去拜访了刘志勤医生，已经退休的她依然在岗，笑容依旧，风采依然。

由于刘志勤医生的影响，我深切体会到中医之好，利己又救人。前年，外甥女柳锐凡高考上了一本线，我极力动员家人鼓励她报考温医科大中医专业。在录取后，我又再三叮嘱她，要始终如一，学有所成，将中医进行到底。

今年暑假，我又特意介绍外甥女认识了刘志勤医生，并提出想拜其为师，以学医术，学为人。不想，刘志勤医生竟然爽快地答应了，并无偿尽心教授。

回首，认识刘志勤医生的这十几年来，也正是因为有实实在在的例子，令我慢慢认同、接受中医，并主动靠近。想不到的是，如今自己到了顽固不化的年纪，竟然还萌生了要主动离中医近一点，再近一点的想法，并付诸行动。有时想想，真心觉得有些不可思议，很是神妙。

我常想，这便是中医的魅力所在吧。

诗意缘于简单

　　自打来杭州后，我就开始莫名喜欢上自行车，就如同现今越发喜爱与女儿一起写作文一样的有意思。至于写得好与坏，那是另一回事。这，你懂的。

　　我们的双休日一向过得简单而充实，既没有三五成群走四方的奔波与劳顿，也没有游逛八方吃吃喝喝的折腾与破费。在我看来，日子是为自己过的，只要自己感觉舒适与自在就行了，完全没必要太多的花样与追求所谓的面子，更不必羡慕别人，在不断比较中寻找和制造烦恼。

　　这个周末，我们依然过得简单而自得其乐。周六上午，我们一起去图书馆看书，下午去女儿在龙井村的同学那儿踏春，顺便看看去年冬天我们在龙井茶园空地上种的小白菜。能在寸土寸金的杭城郊外亲手种下两三株小白菜，尽管菜地仅有几平方米大小，也是一种说不出的幸福。由于小白菜去年冬天种得晚,离得又远,也没去管过,如今再见到那些小菜苗时,它们全都已经开出小黄花了。记得在小时候,我们就常常一朵、两朵地采摘着这种小黄花,然后紧紧地捏在手里,不一会手掌心全都染成了墨绿色。

放手给孩子一片天,任其玩耍了整整一个下午。晚上到家以后,短短半个小时内,她就写成了《爱护花草,从我做起》的小文,记录了下午的体验。我坚信,这一天她是快乐的。

周日,我又骑上自行车,载着女儿去少年宫学习。和煦的阳光下,我踩着自行车,在拥挤不堪的街道上悠然前行。望着车流中那些寸步难行、满脸焦虑的开车人,我竟然萌生出莫名的优越感。

自行车便宜实惠,与拥堵的汽车长龙相比,优势尽显。在我看来,骑自行车还能从根本上减少堵车、寻车位、被刮蹭等一大堆烦恼。过去的我也曾受从众心理的影响,有过咬牙购车的冲动,但自从来到杭州以后,这样的想法慢慢变得天真而可笑,早就被我抛得远远的了。

每天一大早,我骑上自行车,载着女儿,自东向西,骑到曙光路尽头,把女儿送到西湖小学后,独自一人沿着北山路,绕行西湖去上班。这一路骑行,一路上如诗般的风景,春来冬往,很是享受。

不知不觉中,我开始喜欢上过简单的日子,每天只要有衣穿,有饭吃,有床睡,有自行车骑,有书看,偶尔动笔写一点东西,这样的日子简单而自在,也正是我想要的。按我这样的状态过日子,除了正常的生活费用与房租外,即使有很多钱,也不知该往哪里花。

"想写就写，就着音乐用文字表达内心情感，以这样诗意般的生活态度栖居在纷繁杂扰的生活中，应该是教育最欣喜、最珍贵的收获。"昔日师范同学胡菲红在周日发给我的文章中这样写道。

在她眼中，我们的生活是充满诗意的，也是令人羡慕的。我的这位庆元老乡同学，如今是当地小有名气的小学语文老师。她对教育有追求，也有实力，更有思想。几天前，她来杭进修学习，我特意去拜访过她，还在她宾馆的房间里，向她以及另一位"语文高手"讲述了"父女作文PK赛"的前后经过与想法，临行前，我特意邀请她从专业角度对"父女作文PK赛"发表一些见解。不想，她回去后立即行动，在极短的时间里就成文了，还写得非常有见地，让我备受启发。

其实，至今我也不知道什么样的生活是诗意的生活，也不清楚我现在这样自得其乐的日子，算不算是所谓的诗意生活，或者说已经接近了。如果说要有，或者是有一点点，我个人感觉，这一切都是缘于简单。

我常想，"一箪食，一瓢饮，在陋巷，人不堪其忧"的颜回，以及"独钓寒江雪"的老翁，还有那些整天在游人如织的广场上载歌载舞的老人，虽然他们的行为与做法一时不为外人所理解，但他们一直过着充满诗意而自得其乐的日子，这其中的快乐，只有他们自己才知道。当然，这样的一种独享，还需要内心的淡定与强大。

2014年3月23日

兴趣与职业

在我看来,兴趣与职业就如同两条无限延长的直线,既可以平行,也可以相交。

当兴趣与职业平行,那就意味着两者永远也不可能相交到一个点上,完全就是风马牛不相及的两回事。人的一生处于这样状态肯定会有的,但我想不会有太多。

大部分人的兴趣与职业应该是多少会有些相交的,或者说会不断往一个点慢慢靠近。当然,不同人在靠到同一个点上所需要的时间也是不一样的,有的早早就相交了,而有的始终在路上,至死都不会相交。

当一个人的兴趣与职业高度融合,能尽早地将两条直线融为一条直线,这必定是人生的最高境界,更是人之大幸,这样的幸运儿,我想也是极少数的。

　　但是，不论是谁，在人生路上，总要尽最大努力将兴趣与职业两条线靠得近一点，再近一点。这是大部分人应该去做的，也是完全能做到的。当然，这种所谓的融合，其实仅仅也只是一种自我感觉。

　　此前，我从来没有去理会过我身上的这两条直线，只是最近几年，当迈入四十岁关口之际，我才隐约感到，兴趣与职业这两条线正在我身上加速融合，虽然还不敢说已完全融为一线，却能很明显地感觉到它们在不断靠近，融合。

　　职业，是谋生的垫底料，是必需的。兴趣，是灵魂的升华品，是必要的。

　　我的第一份正式工作是乡村小学老师。其实，我打小就边上学边务农，学会并熟练掌握了不少农活。尽管小学老师作为一种职业，并不为我所特别喜欢，工作了整整五年也没有得到太多的快乐，反而有更多的无奈与忧郁感，但相比留在老家务农，似乎又要强很多。无独有偶，也就是在我从事老师这第一个职业之时，我形成了喜欢看报写东西的兴趣，并时常为能有"豆腐块"发表而感到十足的兴奋与期待。因为兴趣，尝到甜头，由此产生了强大的内生性动力。

　　不想，五年后，我正是因为有这样的兴趣，才有机会走出村小，进入县城，彻底告别我的第一份工作，由老师转行为一名记者。这一全新职业，初听来似乎是个将职业与兴趣高度融合的美差，但是随着从业时间的增长，我很快就发现，当兴趣成为一种职业，同样是一件非常痛苦的事情。

　　记者这个职业与当老师相比，更加痛苦，节奏更快，压力更大，约束更多,特别是在日报工作期间,经常加班,每月的巨量考核任务真是压力山大,每到月初全部清零,从头开始,月复一月,无穷无尽,时间一长,感觉连气都喘不过来了,很是痛苦。

或许是我那被动型性格使然,我总善于在忍耐中接受一切。尽管那时心里感到不乐,但我也没有主动出击,寻找更合适的机会,始终在坚持做着,从事这个看似光鲜却压力山大的职业。

那段日子,我每天都忙于应付完成考核任务,忙得根本没有时间去做自己喜欢的事,写点自己喜欢想写的东西。因此,光顾了职业,却丢了兴趣,两条直线完全处于平行的背离状态。

如此过了八年,偶然的机会,让我从丽水到了杭州,从高节奏的日报转型到慢半拍的专业报,这才让我在完成工作的同时,能腾出时间和精力来做自己想做又感兴趣的事,写点自己喜欢的东西,陪着女儿成长,开展了专属于我们的"父女作文PK赛"和百场公益讲座。这两者都与我曾经的职业有关,甚至是极为接近。正是处在这样的状态中,我能写自己想写的东西,说自己想说的话,思考自己感兴趣的事,精神处于完全相对自由状态。

总之,如今我从事的,既是职业,又是兴趣,两者具有极高的融合性,甚至是日益趋向于融合为一条直线,这正是我想要的。如此想来,我是幸福的,更是幸运的。

2015年3月7日

那些"不可能"的可能事

临近不惑之年，人生旅程已过中点。

回望所走过的这些年月，我特别感慨于自己经历了那些看似"不可能"的可能事，这让我时常感叹自己幸运的同时，更为生活的美妙而惊叹。

我今天说的这些事，都是我 1996 年参加工作后发生的，此前的那些"不可能"的可能事，暂且不提。

要说我过去那些最"不可能"的可能事，应当要数走出村小进省城了。当年，我在参加工作以后，连做梦都不敢想有一天能去杭州工作，按当时的形势环境，别说是调进省城，就是想调到镇小学也是不可能的，更别提转行了。总之，一切都是那么的"不可能"。可没有想到的是，这个我一直觉得"绝对不可能"的事，却真真切切地发生了，此时此刻的我，就坐在杭州温暖的浙图里敲打着键盘呢。

如果说在上济村小学工作的这五年里，发生的另一件最"不可能"的可能事，那应当要数在村小学里搞省级课题研究了。记得那年的我在丽水一次教研讲座中，无意听到了"做老师，就要当专家学者型老师"的观点，深受影响，回到村小以后，竟然不知天高地厚地开始启动并申报"山区农村小学常识教学中的环保教育研究"的课题。从头到尾，单枪匹马，我不管别人怎么看，甚至还自垫了打印费，总算搞出了课题申请报告，在递交给县教研室以后，也就没有去想、去盼太多，因为自知这课题被立项是"绝对不可能"的。不料，奇迹就这样简单发生了，我当年申报的课题竟然过关斩将，逐级上送，从县到市，再到省里，最后竟然被省教科院立项为2000年度的省级课题。据说，这在庆元县农村小学教育史上还是第一回呢。

记得在读初三和师范时，时常听教语文的张晓泉等老师提及有文章在报上发表的自豪事。那时，我连做梦都没有想到，将来有一天自己也能有"豆腐块"发表，还能领到稿费；没有想到，我在上济村小学工作时竟然真的发表了文章；更没有想到的是我还转行成记者，彻底与文字打起了交道。

自从开始从事文字工作以来，我时常觉得自己这辈子是不可能会有出版除新闻作品以外专著的机会了，但来杭州以后的一场"父女作文PK赛"，又一次让我亲历了"不可能"的可能。在2014年我和女儿就出版了《老爸，作文我不怕》。曾记得在我们的"父女作文PK赛"刚开始之时，包括我自己在内都觉得"不可能"坚持下来，但是没想到的是，我们始终没有停止过，整整坚持了两年多，到如今还在继续，而且收获颇丰，这在当初也觉得是"不可能"的。

更令我感到不可思议的是，2013年11月，我曾在自己空间里写过一篇名叫"第一排"的小短诗，以示对浙图各类讲座的期待。当日，学弟吴志平老师就做出这样的回复："坐在第一排的人，离讲台最近。"当时，我对此很有些不以为然，认为走上讲台对我来说是不可能的。不想，2014年3月8日，我们父女俩还真的站上了杭少图的讲台，与大家分享"父女作文PK赛"的故事。不仅如此，2015年4月11日我们又走上浙图的讲台，成为这里的主讲嘉宾。当初的"不可能"，又一次成为可能。

在第一次上讲台以后，我们无意中萌生了举办"父女作文PK赛"百场公益讲座的念头。事后，有朋友悄悄跟我说，这个数目有点多了，"不可能"完成的。当时，我心里是计划着用20年来完成。不想，仅仅1年不到，到今天，我就完成了11场，超额完成了2年的计划任务。如此看来，百场讲座又是一个"不可能"的可能。

这些年来，我就是这样一路走一路行，在一个又一个"不可能"中，一步步迎来一个又一个可能，甚至连我自己都感到有些不可思议，能来到美丽的杭州，还能在饭后去西湖边漫步赏景。

当一次又一次的"不可能"成为"可能"，我除了感叹生活的妙趣之外，无疑也增添了信心和决心。我这个人生性笨愚，书读得少，又没什么大志，如果要说说我是如何实现一个又一个"不可能"的可能事的，其实，也没有什么

秘诀和好方法,无非就是我的兴趣与职业恰恰交集在差不多相同的一个点上,或者说是在同一件事上。

我的下一个"不可能"的可能事,又将会是什么呢?

2015 年 1 月 18 日

来来往往

来来往往又一年。

唯有到年终时，方知时光已逝。回首，都不知道这一年是怎么过的。也时常会在心里自问："还能活多久？"事实是，由终点传来的脚步声，已日渐响起。

时间不多了，珍惜每一秒。

这诚然亦如书法家朱飞军先生今早特意为我撰写的鸡年对联所言的那样："闭户读书颇有味，开门雄唱皆少年。"这样的礼物，我很是喜欢，也很金贵，沉甸甸的，因为背后是消耗生命的长期积累，而绝非简单的字墨呈现，必须感恩铭记。

人，便是如此，来来往往，反反复复。春节已临近，回家是必须的。飘零的人，也只有回到老家，在与亲人短暂的团聚中，还能觅到在异乡早已荡然无存的温暖。身在异乡，就连听到难得响起的敲门声，都有一丝惊恐、疑虑，甚至是不安。

这一年，常坐在第一排听讲，并成习惯。第一排，双眼向前，能忽视背后无数双眼的存在，始终积极向前，以至于那些常坐后面的老听众早就熟悉了我，而我却对他们一无所知。

向前，总是好事的。人，总是要向前的，哪怕明知前方有一个终点，远远地等着。

听讲，读书，更是好事，还无须花上一分钱，是个只赚不赔的好买卖。如果不出什么意外，我已下定决心，要把这样的路给走下去。因为我有兴趣，也有决心，要做点自己感兴趣的事儿。

自我的无知，也是学习逼出来的。有一种感觉特别明显，在台下坐的时间越久，学习得越多，就越感到自己的无知，也越发不敢轻易上台。这也是我不太敢主动去接讲座的原因之一。

台上，常有女老师在主讲。这也常令我感慨，唯有诗书，才是保持女子恒久之美的上上策。浩然之气，绝非能靠化妆品刷出来的。

在台下，常受之，深感不安，尊重也是必须的。因为，台上人的学问与知识，是用时间学来的，也是在消耗生命给慢慢垒起来的。

上周一，在杭州国画院等候顾大朋先生上课之时，大家推荐我先领读。读完后，我临时起意，建议大家起个立，鞠个躬，叫声"老师好"，以表诚谢。

毕竟，白学了一年，受惠多多，不表示下敬意，实在有些讲不过去。

不想，台下我们这群互不相识，有老有小，平时全靠自觉前来学习的大小学生的这一举动，却让顾大朋先生感慨万端，热泪盈眶。

这泪，不仅仅是因为我们而流的，还因为有鲜明的对比。顾大朋先生道出了其中原委，她说："今天期末批试卷，发现有三位大学生的试卷找不到了，开始以为自己不小心丢了，很是焦急，绕了一大圈，联系到学生本人，了解情况后，方知他们根本就没有参加考试，理由是忘记了。这样的情景，与你们的好学形成了鲜明对比，令我感慨不已。"

她还坚定告诉大家："教学相长。这课我是会一直上下去的。明年起，我可能要去新疆支教一年半，只要回来，有空立即就给大家继续上课。"听到此处，掌声阵阵。我想，这是真诚的、自发的，也是无价的。

"太幸福了，大朋老师是我的女神。"学友们在微信群里常常这样说。

我可不知道女神会是什么样，不过，我倒是真能在顾大朋先生的博学与言行中体味到其出生地山东齐鲁文化的博大与精深，以及其本科就读的山东大学"浩然之气，学无止境"的校训。这与她很是匹配，愈发难得。为此，我也常庆幸，前年去蹭课时，无意中结识了这样一位难得的好老师。顾大朋先生讲起《论语》来，常常是一句原文，便能展开说上一节课，这不是一般人所能做到的。

老师都说了，要一直上下去的，我们学生呢，当然必须一直听下去，读下去。除此以外，还有什么可说的呢！

就顾大朋先生的感慨，我倒是想要说上几句。其实，这样缺考弃读的现象，在当下早已是见怪不怪，成为常态了。

就此，我倒是常在想，若是能将读大学与工作交替结合起来，或许会有更好的效果。

但凡我们这样没文化的过来人，基本上都有过这样的亲历。当有机会读书的时候，都不用心去读，而当到了社会上撞得头破血流，吃尽苦头，方才后悔，下定决心，要好好读书，努力学习。人，也只有这样痛过了，醒了，记住了，方知读书之好、学习之重要。否则，常常以为学习只是一句空话。对此，我是有着深切教训和体验的。

从这个角度来说，社会与生活才是一个人成长的最好老师。特别是经历各种各样的惨痛教训，才是前行的最好教材与动力。从这个角度讲，我向来认为，磨难并不一定是坏事。当然，最重要的是，当痛过了，还能站起来，再前行。

不过，对于学习这个事，任何时候下定决心，去行动，去学习，都是不会晚的。

总之，在我个人看来，首先还得要好好活着，其次，才能去好好学习，好好读书，好好工作，好好生活。

2017 年 1 月 23 日于杭州市曲荷巷 18 号

人生两程

人生的旅程长度，如果要用一个时间点一分为二的话，我想，以不惑之年的四十岁来划分是合适恰当的。

前半程，四十年，由起点出发，一路爬坡，勇往直前，满怀希望，奔向中点。

后半程，四十年，沿原路折返，缓慢下行，沿途反刍，无奈接受，回至起点。

当然，后半程对于我而言，还只是个带点美好的假设。

走走停停，起起落落，就我等俗人，早已注定，走完前一程，不会留下点什么，如今再步入下一程，也同样不会留下些什么。只不过，当进入后半程后，才慢慢发现前半程所亲历的那些人和事，开始慢慢变得清晰、美妙起来，能时不时带来些意想不到的快乐与启迪。

"三岁看到老""知儿莫如母"，这些俗语，皆有深理。我打小就是典型的"不务正业"。两兄弟一同下田割稻谷，长我两岁的哥哥，一手归一手，一把是一把，平排整齐，有序推进，劳作一天，身上衣服仍然干净整洁；而我呢，则如同一只调皮的拱地鼠，常只割一行稻谷，飞速前行，四处乱窜，半天下来，全身上下到处是泥巴，顶着脏兮兮的大花脸。

难怪母亲在世时，在我工作以后还这样评价我，说我是一个"尽会做些空事、无用事""是有床不睡，要倒地睡"的人。

这很客观，也是事实。回望这前半程的四十年，我真的从来没有好好专心做过一件"有用的事"，一直都在"不务正业"，都在做一些"空事"和"无用事"。

女儿亦如我，有满屋的书，尽是各种漫画、卡通、小说等"无用""不考"之书，而这一切皆是她自选的，钱也是我们给她的。我常在想，若是一个读书人家里连书都没有，若是连书都买不起，那还读什么书呢？还有，一个人要是连自由选书的权利也没有，那又将是有多么的悲哀？手头再拮据，别的钱能省，买书的钱一分也不要省。最近几天，我又一口气给她买了近500元的书，也是她自选的。我还在想，车都省着不买了，那点打车费还要省吗？

人生两程，我的前半程是我自选的，一直都在"不务正业"，尽做些"无用功"。

记得当初刚工作时，我的本职工作是当一名小学老师，可我又搞起了什么课题研究，看起了报纸，学写新闻报道；后来，我真的改行当了县报记者，依然是"不务正业"，除了完成本职工作，又自找"麻烦"当了上级报纸的通讯员，不断投稿，不亦乐乎；明明在一个地方待着，日子也过得挺好的，可我总爱折腾，移来换去，去了丽水，又来了杭州；如今，在杭城有了稳定的工作，可我依然"不务正业"，不断自找"麻烦"，除了时常读书，听讲座，还出版《老爸，作文我不怕》，搞起了"父女作文PK赛""文学梦""一块钱稿费""大家的PK赛""百场讲座""期待全民写作日""能说会写，会生活""文化引流""博库网店筹款"……

无意中，一百度，才发现，上述这些词，很多在网上还没有，这也勉强算是首创吧。

我的前半程，本该好好读书的时候，却"不务正业"，只顾去玩去疯，而如今早已过了读书的年纪，却又装作一副很认真的样子，写写读读。

而最要命的是，人家搞这些，或许还能捞点什么好处，而我呢，就这么玩着，能不赔钱就已是万幸，一副败家子样。这与当年那个在田里乱窜，全身脏兮兮的孩子，真的没有什么两样。

在我个人看来，工作只是生活旅程中的一部分，甚至是较小的部分。

这也难怪刘志勤中医生在给我把脉后说，脾肾皆虚，透支了。想想也很在理，有路不走，要开新路，人家讲座都找现成课件，而我一直在原创，这样哪有不透支的。

唉，想想自己的前半程，连我自己都觉得有些醉了，也服了，真心想为自己如此执着"不务正业"点个赞。

而后半程呢？我想不必提，也不配谈什么"君子"与"小人"，倒是只想能有力求多一点"坦荡荡"，没有一点儿的"长戚戚"。

我是从来不反对什么"人不为己，天诛地灭"的，但是我常想，若是一个人能在为自己的同时，也顺便为他人或者社会去想一想，多去做一点有意义，而又是自己乐意做的事，那该有多好。

人生短短两程，我是从来不会轻易去羡慕别人的，因为，我这样一个"无用"又"不务正业"，还脏兮兮的农村孩子，能有今天这样的前半程，已是最好的自己，超预期了，很是满足。当然，如果光从这样角度来说，恐怕也只有被别人羡慕我的分了。不是吗？

唉，人生前半程，就这样被"不务正业"的我给糟蹋了。那么，后半程呢？得好好想。

2017年2月9日于杭州市曲荷巷18号

"觉悟"这里

"学"与"佛",竟为同道。

"学"在东汉许慎的《说文解字》中解释为"觉悟也"。

"佛"字梵文(Buddha)音译为佛陀、浮陀、浮图等,也有"智者、觉者、觉悟、醒悟"之意,而"佛陀"意为"觉悟的人"。①

那何谓"觉悟"?"觉"字在《说文解字》里意为"寤也","寤"古同"悟",意为明白。而"悟"也解释为"觉也"。按此,"觉悟"即为明白。

若将此联系"学而第一""学而时实习之""念终始典于学"等来看,对"学"字就更加明了了。

---

① 此说来自朱岩2016年12月8日杭州国画院讲座"告诉你一位真实的佛陀"。

为何要学？无非就是一个觉悟、明白的过程。学佛亦如是。若是按此来理解，阿根廷诗人博尔赫斯那句名言"天堂，图书馆的模样"，也就豁然明晰了。

我似乎有些明白了，周末常泡在浙图，坚持坐在第一排学习四五年，原来就是一个慢慢"觉悟"的过程。

在图书馆里，能引领"觉悟"的，不仅有书海，还有各种各样的讲座。能走上讲台的，要么是作者，要么是常游书海的人。前者但凡图书馆皆有之，而后者却不是所有图书馆都有的，要想长久维系，更是难上加难。相比较而言，后者的听比前者独坐冷板凳的读，似乎来得更容易些。

比如，老家庆元地处偏远，书是不缺的，却少了能引领大家"觉悟"的人。正因如此，我今天突然做了个决定：想把博库网的微信书店坚持开下去，将所有收入注入"文学梦"基金，一来给孩子们发稿费，二来将来想回家乡支持图书馆，专门用于聘请些高人前去传道，以引领山里人尽早"觉悟"。尽管现在总收入仅有328.73元，但我期待将来有一天，这个数字能发展壮大，能梦想成真。

我想，认真试试，不管将来如何。

显然，这个"学"，或者说是"觉悟"，也是有高下、层次之分的。

而具体区别又显现在哪里呢？这又使我联想到了洗手间里抽取免费厕纸一事来，层次高的，抽用到刚好即可，而层次低的，则要多抽好几倍，甚至用来浪费，而这全靠自觉与自醒。

这台上台下的，"觉悟"也是有层次之分的，也还挺明显的。

比如，我就曾在浙图听到过一个以分享阅读心得为主题的讲座，主讲人在台上分享读书体会时，却粗话连篇，不免有些缺憾。

一个读书人，在图书馆里，站上讲台，面对公众，如此粗俗，实在有些不合适，也与儒雅不相匹配。我虽然坚信这是人家无意为之的，因而也坚持在互动时，没有公开为难对方，而只是在私下通过微信提醒一下，但愿这样的善意提醒，能帮到他，让这样的读书人走得更好，更远。

在浙图的讲座听多了，自然也就有了对比，草草应付，滥竽充数，也是常有的事。

其实，在台下的，都听得明明白白，也看得清清楚楚。尽管他们没有直言，也不开口说话，却是实打实的高手。特别是那群常常去的老人，全都是明眼人。

我常去浙图，熟知他们的分量。我甚至可以毫不夸张地说，但凡能主动自发进入图书馆的，皆非一般人，而那群常常坚持去听讲的，也必定是个"觉悟"之人。

如此看来，若是"觉悟"得再多，学得再多，而不去"习"与"行"，皆是空的。

文献足征，很是在理。

"觉悟了吗？"我想，应该试着常常这样问自己。

2016年12月18日于杭州市曲荷巷18号

听着，写着，老去

春日，绵雨，将持续。

无意，拉开抽屉，静躺有三本各色笔记本，霉斑点点，再集合散落它处的另两本，一共有五本了——这是我自2011年7月来杭州以后，利用周末时间，聆听各种讲座时，所做的笔记。

听着，记着。记着，听着。简单，重复。重复，简单。

我爱坐第一排，只要位置还有空，因为能被逼着专注。

我的周末笔记，也是我的生命印迹，消耗了我的生命，能看到的便是这五本没有任何用处的笔记本。记下以后，便从来没打开过，也从不曾想起过什么。

若硬是要说成是在学习，那么也算是无目的、无压力、无成效的自主散漫式学习了。

人生一大怪事，便是你明明知道有些事去做了既没什么用处，也没什么好处，但你偏偏还要执意并饶有兴趣地去为之。至于为何？这是一个连我这个当事人也无法回答的问题。

不承想，生命竟会无聊苍白到这般地步。

抑或有如鱼水，早已融为一体，成为组成的一部分，亦如同人饿了要吃饭，时刻都要呼吸一样。

"知之者，不如好之者；好之者，不如乐之者。"我想，这应属于"乐知"？

更有意思的是，这些年来，能与我在浙图一同坚守的，却是一群白发苍苍的老人。如此看来，也只能表明，我也老了，或者说，心态上已经接近了。

听着，记着，不知为什么？

想着，写着，亦是如此。

空闲时，常常坐着，想着，敲打着键盘，记下只言片语，有感而发，随手而来，写完了就这样静静地放着。这是在做什么？连我自己也不知道。

我不是作家，不配，也不想，仅仅是一个以写为职业的普通记者，遗憾的是，写着写着，竟然连发表的丝毫兴趣和冲动也没有了，这不能不说是一种堕落和悲哀。

听着，写着，就老了。

2017年3月13日于杭州市曲荷巷18号

链接零碎

一花一世界，何况人乎？如果试着将我的生活世界进行彻底粉碎，又何尝不是无数的小花与小草，如果再将这些花花草草进行链接拼凑，又何尝不是那简单、多彩、迷人的生活世界，难怪常有人连说"羡慕"，其实，人人都很精彩，何须羡慕他人。

这也亦如我的那群QQ好友一样，新的来，旧的去。5月10日，我的又一位Q友走了，他是我永远消失的第三位Q友，这次离去的是那位曾豪言过"怪可怜的，患肺癌晚期！本人主要任务抗癌，与癌和谐！"的温岭政协林明华先生。他是我工作中认识的好友，是位做什么事都能非常出彩的"怪才"，自学能力超强，还能开发电脑软件。自2013年元旦确诊癌症以来，只挣扎了一年零五个月，我曾特意去看过他……一切如昨，只惜故友不再。

最近,深刻感受,时常感叹,生活无奈,人生悲痛,唯有尽力试着切换心情频道,强行扭转到我的零碎世界上来,才稍感轻松些。

几天前,我在无意中打量我的办公桌时,竟然发现曾经随手捡拾起来的那些东西,正构筑出一个零碎的"世外桃源":一杯茶,三盆绿草,一块绿石,一个青瓷,一条布鱼,一叠古青瓷片,一台电脑,一个人。这些东西,都是我零碎得来的,不少还是别人不要,随手送给我的。我没舍得扔,简单列放着。

我将零碎的"一茶,一草,一石,一瓷,一鱼,一脑"给轻松链接起来,意外发现一片极乐的新世界:有新有旧,有软有硬,有刚有柔,有古有今,有红有绿,有山有水,有生有死……

如此零碎的意外发现,亦如我昨天在浙图喝水时巧遇的图案那样令我欣喜不已。在听讲座时,当我打开茶杯盖想喝口茶水,竟然非常意外地发现,用安吉白茶沏成的茶汤水面上,悠闲地漂荡着两片茶叶,还组成生动的字样图案,先呈"人"字状,一晃荡,又变成"一"字样,真是有趣。

见状,我连茶都舍不得喝了,只轻轻地呷了一口,然后,在心里细细品味起"一茶,一人,一瓮,一趣"的哲味来,当我再次小心翼翼打开盖子时,心里竟十分企盼再次遇上刚才的趣景,令我失望的是,那两片多情的茶叶早已沉入杯底。

幸好,这样鬼斧神工的天成趣景,被我用手机给拍录下来,还发在最近才开通的微信上,与大家分享这道零碎的风景。如今,连不少小孩都在用触屏手机了,而我还一直在用诺基亚键盘式老式手机。这台土老冒手机,跟随我五六年，一直没舍得换，主要是因为用习惯了，也就慢慢喜欢上了。在我看来，手机等无非就是服务于人的简单工具，根本不具有时尚、身份等额外功能。每每有人提及我的手机老旧时，我总是笑笑说，好用、能用就行了。

既然有了手机这样的工具，只要我还在呼吸，就会不停地记录，随手记下那些曾在瞬间触动过我的零碎话语。而后，再将这些原本零碎而孤单的字词链接起来，也就成篇成文了。

同样零碎的，还有临近盛夏的雨，一阵一阵的，忽有忽无。在过去这个下零碎雨的周末，绿叶就因雨后而格外亮眼，我们依然去了图书馆，一家三口，各自散开。我们买不起自己的房子，却也能在零碎中享用两个"大书房"——图书馆。

我还是坐在第一排，享受着各类零碎主题的讲座，乐此不疲地与那些零碎而孤单的白发老人一起，每周简单重复着。其实，每个周末来图书馆学习的人还是有很多的，大家零零碎碎地到来，稍迟就没有座位了……如果我将这些零碎而好学的人链接在一块，图书馆就是学习的天堂。

周末，在喧闹的少儿图书馆里，我不时能看到女儿手捧书本在低头认真看书，对在她边上那群玩着游戏的同龄人视而不见，在大部分情况下，她还是挡得住诱惑的，独自淡定看书。

书，书，书……女儿饭后喜欢看书，睡前还是喜欢看书，她这样零碎地看书到底有什么用呢？我想，将来只要将这些零碎的书链接起来，那就是一片知识的海洋。

　　认识的，不认识的，也在零碎中行动。昨天，是母亲节，昔日莲都好友邱苏美也开始行动了，参与了"亲子作文PK赛"，这也是她们在长期零碎观察后做出的决定。

　　我始终坚信，做人和学习都是没有捷径的。只要有付出，不论早晚，都会有收获。当然，零碎的行动，短期内也只会有零碎的收获，但时间一长以后，这些零碎简单的收获链接在一起，必然就是一个收获整体，届时成效必将是惊人的。

　　在本周将"母女日记PK赛"推进到第14回合的景宁陈红梅家庭就极具说服力。她们自从2014年2月16日发表第一篇亲子日记以来，一直在零碎中坚持，差不多每周创作一两篇，顺利将个位数改写成两位数。

　　从1到14，从2月至5月，如果试着将零碎的短短3个月链接起来，收获和进步的又何止是一点点呢。

　　其他的参与者成效同样明显，大有后来者居上之功效。对于他们的主动参与，我感到非常高兴，因为只有大家这样零碎参与，将来我才有链接的可能，也才有届时我们都能一起十分自信地说："作文，我们都不怕。"

2014年5月12日

渐行渐远

当我还停留并深耕在QQ空间之时，就有很多人开通了微博；当我还没有搞明白微博是怎么回事时，大家又争先恐后地迎来了全新的微信。我之所以喜欢在原地踏步，一则是因为我嫌学习新方式太过烦琐，二则是因为我觉得无论选用哪种方式，始终在联系的还是那几个人，只不过是换了一种方式而已，因而更加觉得没有更换的必要。

渐行渐远的人生，面对繁杂多元的抉择，能做到澄怀观道的实属不易，更多的人会迷失了方向，迷失了自己，找不到南北。正是在这渐行渐远的过程中，我慢慢悟明了一些简单的道理，知道了自己真正需要些什么。为此，也才下定决心，每天睡觉要关掉手机，还要对着电脑像小学生那样去跟读《论语》，才试行短短几天，感觉还挺有味的。

　　面对渐行渐远的生命和浩如烟海的书籍，我打心眼里希望女儿能读背些《论语》这样的经典图书，但孩子的兴致似乎并不太高，我又不愿也不忍心硬逼着孩子去学背，也只有凭着兴趣先让她自己学起来了，并试着利用平时空余时间，能给她讲解上一两句点，慢慢试着将她引导到读背经典上来。

　　就在我们的"父女作文PK赛"渐入佳境之际，到目前为此，女儿除了喜欢作文以外，最让我感到欣慰的另外一大收获，就是图书馆成了女儿的另一项最爱，甚至可以说已经内化成为她的一种思维方式和生活习惯。如今，"我要去图书馆"不仅成了她的口头禅，而且买书看书也已经成为她一心向往的开心事。我心里十分期盼，将来的某一天，阅读能成为女儿在继写作之后又一诗意的生活方式。

　　在图书馆里，女儿现今最喜欢阅读的是漫画、笑话类图书。一直以来，我对于她读什么样的书，没有反对过，也未做过太多的引导。我只是想通过她的自由阅读，多读些自己喜爱的书，以此来充分体验自由阅读的快乐，帮助她在享受兴趣带来的快乐心境中，形成静下心来，沉下心去学习的定势，慢慢建立并形成喜爱阅读的习惯，并在自由阅读中慢慢学会学习，提高自我学习力，这是一项极其重要的能力。

　　我常想，最为重要的是要帮助孩子养成爱好阅读的习惯，到了以后只要根据学习需要适时调整书籍种类就可以了。因而，现阶段我需要做的就是，不断地巩固她静心阅读的兴趣，直至成为她骨头里一种不可替的学习习惯为止。就从目前的表象上看来，女儿似乎已经有点上道了。在放假这几天，她常常会看书到夜里11点多，津津有味，毫无睡意。在图书馆里，她也能全身心地手捧着图书，甚至对于就在边上玩游戏的同学也视而不见，专注与定力十足。

岁月正在渐行渐远，刚刚过完忧伤的5月，一进入6月立即就迎来两个特殊的节日——儿童节与端午节。对端午节，我今年有一种非常奇怪的感觉，那就是往年曾有过非常强烈的"每逢佳节倍思亲"感觉，似乎也正在渐行渐远中悄然淡去。这或许就是因为，在那片曾经生我养我的土地上，与我相关联的那些人和事在渐行渐远，慢慢地就与我拉开了距离，而且这种距离还在不断增大。

渐行渐远的我身在异乡，竟然一点儿也感觉不到节日临近，若不是好心的邻居特意送来包好的粽子，今年这个端午节仿佛根本就不存在。

如今就连对浓香的粽子也已经没有什么食欲了。要说这个节日最为怀念的，当然不是吃粽子，而是老家煮粽时那满屋的粽香。

2014年6月1日

温馨提示：请保持安静

第三辑　童言趣语

孩子们说——

童年是一个充满梦幻而又色彩斑斓的名词，

童年是一段天真烂漫、无忧无虑的时光，

童年更是珍贵的回忆，会化为我们前进的动力。

写作文其实并不难，

把写作文当作生活里的快乐，

作文就是记录我们的生活。

我的"志愿"生活

郑紫瑞(浙江省杭州市西湖小学303班)

2013年7月21日

我助人为乐，热爱看书。天天在图书馆做志愿者，过着"志愿"生活。如果问我：你最喜欢哪一天的"志愿"生活？那可是刻在我的脑子里抹不去了。

那个阳光明媚的早上，我照常去报名，老师安排我理书。我挂上小牌子，兴冲冲地往书架走去，但是，我走过去一看，——天啊！书架上五颜六色的书乱七八糟、横七竖八地摆着，有的还掉在了地上，有的甚至还被撕了几页，狼狈极了。多令人心痛啊！

我心里暗暗想道：这些小屁孩真是的，不仅仅不好好阅读，还破坏书本。

让图书馆多花钱来买书,也是对书的不尊敬。这么一个小动作却会影响到大家。

我和一个绑着长长马尾辫的漂亮姐姐齐心协力,把书放回对应的书架上,让读者放心地找书。可是,有一本青少年版的《水浒传》被撕坏了,我和姐姐觉得好难过:大家都在找青少年版《水浒传》来看呢。可是,少了几页,就让读者少得到许许多多的奥秘。

我把新书小心翼翼地放到书架上,小心翼翼地理齐。一下子,书架变得引人注目了。

这里还有几个实习志愿者呢,林老师告诉他们——我有许许多多的经验,如果他们哪里不懂,找我可就找对人了。

于是,哥哥姐姐一有不懂的,就搬着一些书来服务台来找我。一些叔叔阿姨看见了,都一个劲地表扬我:这小姑娘真棒啊!

有一次,我正在服务台帮人查书,电脑却突然死机了。林老师怎么开也开不了。也许是出了故障吧,总之,电脑是不受控制了。

图书馆

柳博文（江西省赣州市文清实验小学三年级）

2018 年 1 月 20 日

    很多地方都有自己的用处，博物馆是"储存"历史的地方，科技馆是"储存"现代科技的地方，而图书馆是"储存"知识的地方……

    科洛廖夫曾经说过：人离开了书，如同离开了空气一样不能生活。培根也曾说，读书补天然之不足，经验又补读书之不足。

    有一次，我和妈妈约同学一起去图书馆，我们去了二楼的自然科学阅览室。里面的书可好看啦！我拿了《动物奥运会》这本书被分为12篇，分别是动物奥运会、爬行动物、两栖动物……第一篇动物奥运会可有趣了！

每次来到图书馆，用一个字形容是"静"字。这氛围让我这种人安静下来，跟他们一起看书。

图书馆里的书有历史类、科技类、文史类、自然类、体育类等各种各样的好书。

列夫·托尔斯泰曾经说过，理想的书籍是智慧的钥匙，想要得到这把"钥匙"，就去图书馆看书吧！

"首发式"演讲稿①

郑紫瑞

2014年1月1日

各位"太阳风"文学社的社员、老师,大家好!

我是来自西湖小学403班的郑紫瑞。

这次可以被称为"小作家",首先非常感谢冰波老师。前几个星期,冰波老师在少儿图书馆教我们怎么写作文,为我签了一个名。这几天我一直在看那些冰波老师写的字,仿佛冰波老师还在我身边。这短短的一句话就树

① 本文是为2014年1月25日在杭州少年儿童图书馆举办的"父女丛书"新书首发式所写的新书首发感言。

立了我写作的信心。

我还要感谢我的同学谢璇。当时，老师为我办了一个作文展，却受到了同学们的排挤。在那个时候，只有她鼓励我让我写下去，如果当时没有谢璇的帮忙，我就不是"小作家"了。

前几天，我刚刚把书拿回来，就觉得又好气又好笑。原本语文书大小的书变成了杂志大小的。但是再一看，其实也非常的好看。这时，我才发现任何东西都有自己的好处和自己的长处。所谓"尺有所短，寸有所长"，人就是要这样，取长补短，才不会形单影只。

最后，我代表我的家庭对"太阳风"文学社、金旸老师、图书馆的工作人员表示感谢！让我们一起努力吧！谢谢大家！

换　书

柳博文（江西省赣州市文清实验小学二年级）

2017年5月9日

今天晚上，我在我的房间里玩玩具的时候，突然接到了一个电话，打电话的人是我的小舅舅。

从我的小舅舅口中得知，原来他是要送给我全套《父与子》！我从开学到现在考了四个一百分，所以我的小舅舅还要送给我四本书，不过他有一个条件，这个条件就是：给小舅舅写十篇不同的作文。这个条件听起来简单，做起来难啊。我心想：我应该能写十篇作文吧。然后，我就说："好，谁怕谁。"小舅舅说："好。"

我答应以后，就开始睡觉了。

卖书
——挑战自我

郑紫瑞

2014年11月2日

  这个早晨，我们欢聚在转塘。忽然，我想起来：爸爸带了我们出的书，可以趁这个时机拿去卖呀！

  "卖书卖书！"小伙伴们蹦蹦跳跳地、欢快地跑到商场里去卖书了。

  可心和我跑到一个叔叔面前，可心十分有礼貌地和他介绍了我们的书，可是叔叔认为我们是在推销"山寨书"，冷着脸走开了。可心十分沮丧，我笑着安慰道："没关系，失败是成功之母，来，我们加油吧。"

　　我们沿着路边的小摊，一个一个地推销过去，可是没有一个人愿意接受。我们来到一家服装店，遇到了孙火华，便和孙火华一起推销。

　　"阿姨，我们的同学出了一本书，你可以看看哦。"孙火华用调皮的声音开口了。阿姨笑着接过书，拿出手机，让一个小女孩站了过来。

　　"我女儿作文不好，你们都出书了，这下子得学学你了。来，拍个照哈，笑一个！"阿姨按下了按钮，刹那间，我们的笑容停在了照片上。并且，阿姨买下了这本书。我们拿着二十块钱，心花怒放地离开了。

　　积累了经验，我们寻找的都是和蔼的叔叔阿姨。当我们卖出三本的时候，遇到了刘飞。他已经卖出了八本书，我们惊讶得合不拢嘴。

　　"哦对了，我妈妈在这边上班，她可以帮你们推销啊。"刘飞说着，带我们找到他妈妈。在阿姨的帮助下，我们的书都被她的同事买走了。

　　可心十分高兴地说："太好啦，现在只剩下两本了！"

　　我们走进小商品市场，向各位店主推荐。叔叔阿姨都给予了很大的鼓励，我也站了出来，和大家一起推销。

　　二十分钟过去了，我们推销完毕，一大把钞票握在我们的手中，我们露出了舒心的笑容。

老爸，去图书馆

书香家庭竞选稿

郑紫瑞（杭州市西湖小学403班）

2014年5月16日

各位老师，各位同学：

大家好！

我是活泼开朗的郑紫瑞。我是一个非常热爱看书的同学，平时我会带一些书籍给小伙伴们看。平时我也会自己在座位上细细地看这些书。所以我这次来参选书香家庭。

我们家有较多的书籍，我平常的大多时间都是用来看书。因此我热爱图书，并且我对书有着一定的了解。平时我对积累的课外成语也是有着一定的了解。有空的时候我经常会去图书馆看书、借书、品书。有时候我也会做一些课外词语的积累。

我的爸爸妈妈经常会和我一起细读书籍，夜深人静的时候，我的爸爸妈妈总是拿起字典在查不会读的字。他们总是将喜爱的句子抄在笔记本上，再细细地读几次，确定没有错别字才继续看下去。这种精神经常令我感动。

我希望大家能有机会和我一起到图书馆里去看书，学习知识。那里还有很多的活动，能告诉我们什么是和平，什么是邪恶。

我曾经和爸爸一起出了《老爸，作文我不怕》的图书，才知道厉害的人多着，所谓"山外有山，人外有人"，我要更加努力，下次出一本能与别的书媲美的书！

谢谢大家！

我的话说完了！

无敌的我迷路了

郑紫瑞(杭州十五中初二10班)

2017年12月17日

作为一个"好奇分子"，妹妹因"好奇姐姐的日常"来我家居住两周，这也让平时悠然自在的我感到万分头疼。

暖暖的阳光洒进房间，我睁开酸酸的睡眼。老妈一通说服，无奈之下，我只好听从她，穿好衣服，带着妹妹去图书馆。

卡通图书，玩偶沙龙，零食小卖部，一切都让妹妹感到万分新奇，她如一只猴子，这儿跑跑，那儿跑跑，让我倍感头疼。

这不，一个弯腰，我那可爱的妹妹又不知踪影了。

　　"你要喝点什么？玩了这么长时间，也该休息了吧!"我以为这又是妹妹捉迷藏的把戏，当下开口，不料，四周却突然没有了妹妹的踪影，我当下倍感不安，又叫了几声，却还是无人应答。

　　妹妹去哪了？我顿时慌了起来，不料，背后突然响起一个脆生生的声音:"小瑞姐姐。"

　　我急忙回头，只见一个身着工作服的阿姨拉着妹妹。阿姨见我有几分警惕，笑道:"这个小妹妹是你家的吧？她刚刚趁我不在，跑进我办公室玩了，好在她没有受伤……"

　　我训斥道:"怎么可以跑那里去?"不料，妹妹讪笑的一句话，却让我无言以对:

　　"无敌的我，迷路了呗……"

图书委员竞聘稿

郑紫瑞

2014年9月4日

各位尊敬的老师,亲爱的同学们:

　　大家好,我是你们的好伙伴郑紫瑞。

　　这次我想要竞选的是图书委员。我知道我有很多缺点,比如说,记性不大好,常常粗心大意,老是忘带作业之类的。但是我非常热爱图书,也对图书有一定的了解,并且在少儿图书馆当过志愿者,所以我会好好地爱护图书,保管图书,不让任何一本图书丢失。如果我当上了图书委员,我会更加细心地呵护图书。虽然我的记性不咋地,但是我会尽心尽力为大家服务。

　　谢谢大家。

寻访好老师

郑紫瑞

2015年2月25日

终于放假了，我们的心里充满了快乐。但是，自己一个人在家里，总是很无聊的。在一番恳求下，我又组织了一次小队活动——采访林老师。

林老师是少儿图书馆少年部的工作人员，是一位我敬佩的老师，是一位和蔼的老师，是一位愿意帮助人的老师。

我们背着小书包，兴高采烈地来到图书馆，孙火华拿出小本子和笔，四个同学坐在椅子上，小声讨论着，时不时，本子上就会写下几句话，而我只做了个"放手队长"，微笑着看着他们讨论。经过上次的采访，我发现可心从小就不习惯和陌生人交谈，孙火华拥有记者的天赋，静仪总是很警惕，刘飞并不喜欢采访，做了个"路人甲"。这次的活动，也是一次人生的磨砺，能让他们成长起来。

终于，他们想好了问题，拿着小本子，递给我看。我瞟了一眼，顿时间无语……天呀，这几页密密麻麻写满了字，有被划去的，有漏字的，还有写错别字的。

"这样太乱了，你们重新誊抄一遍，保持字迹清晰。这样吧，静仪，这个工作由你负责，你的字比较漂亮。"我对四个同学大声说道，"其他人再思考一下，把毫无关系的问题去掉，再想几个。"

又过了十分钟，一页清晰的稿子放入了我的手中。我仔细审阅着这些题目。第一个：林老师，您会办活动吗？第二个：林老师，您工作几年了？……

我拿出笔，在上面做了些修改，还给她们三个。很多题目都被我划去了，就比如第一个吧，这个问题简直是废话，只要仔细观察一楼的海报你就会发现，很多活动都是林老师组织的。

"再誊抄一遍。"我大声说。

又过了十五分钟，当我再看到稿子的时候，我发现，第一遍誊抄搞，也就是我亲笔修改的那一页，有可心的笔迹，有孙火华的笔迹，还有静仪的笔迹。显然，她们也发现了一些问题。我翻回刚刚誊抄的稿子，仔细打量着，总觉得，自己一个人修改，她们可能不懂。于是，我将她们三个叫了过来，详细地和她们说了主题，怎样引入正题……当我说得口干舌燥的时候，她们三个终于听懂了，继续修改。

时间一点一滴地流逝，眼看过了二十分钟，第四稿出来了。第三稿又被她们三人修改了一些，第四稿是静仪誊抄的，我十分满意，给了她们20分钟背台词。三个筋疲力尽的女孩坐在椅子上，休息了好久。

一个小时过去了，可她们还没把台词背得滚瓜烂熟，我无奈，只好宣布：可以稍稍修改。

又过了半小时，她们跃跃欲试，我按下按钮，开始录像，三个女孩先自我介绍，再是走进图书馆，然后走进少年图书区，都很完美，可是，在问第4个问题的时候，可心狂笑不止，完全忘记了台词，无奈之下，我们只好重新来一遍。

这次比较成功，可心没有狂笑忘词，老师也和蔼地解答了每个问题。

采访完了，我们打开录像，看着自己，都笑了。

老爸,去图书馆

感谢信

郑紫瑞及家长

2014年1月26日

杭州少年儿童图书馆的老师们:

　　你们好!

　　我是杭州市西湖小学403班的郑紫瑞,今天我代表我们全家写信感谢图书馆的全体工作人员和太阳风文学社对我的帮助与支持。

　　我们全家都特别感谢图书馆在1月25日为我举办的那场"父女作文PK赛"丛书首发式,真的非常具有纪念意义,令我终生难忘。

　　我们全家还特别感谢老师团队的各位老师。我本来并没有多大的信心，但是在各位老师的带领下成了班级、学校的"小名人""小作家"，不仅增强了信心，而且信心十足了。

在图书馆里，我在暑假积极报名当义工，帮助他人，给我口语交际的主题添上了很美的一笔，而且也使我更加热爱图书馆，热爱他人。

图书馆里有许多活动，我参加完了以后，到现在都能说出密密麻麻的知识，也让我的知识面更广阔。在参加各种活动中，我还收获了很多作家的签名，让我有了文学梦。

今天，我代表全家表示特别真诚的感谢，祝大家新年快乐、平平安安。

我的寒假从图书馆开始

程王佐（台州市白云小学二(7)班）

我性格开朗，学习全班第三，但我有个超级大缺点——不爱看书。

爸爸妈妈每天都催我看书，"二年级了，可以多看看书了"，但我还是看不进去。爸爸再也受不了了，寒假第一天，就把我和读初一的表姐一起扔到了台州市图书馆。

进了图书馆，我脸上毫无笑容，而我的表姐却兴奋得跳了起来，在大厅里东张西望，好像是第一次来这里一样。我还是像在幼儿园时一样，走向亲子阅读室，刚走进门口，表姐就一把拉住我说："你已经不是幼儿园的小屁孩了，不用再去看那些幼稚的绘本了。来吧，跟我来，我带你去'少儿天地'！"

说完，她就拉着我，兴奋地冲进了少儿借阅室。

　　表姐让我坐在一张桌子上，然后飞奔着去给我拿了一本名叫《鸡皮疙瘩》的书。我拿着它认真地阅读起来，读着读着，我慢慢地被吸引住了，书里面全是让人感到毛骨悚然的惊恐故事。其中一个故事讲到，一个名叫比利的小孩去参加夏令营，他居然到了一个令人胆战心惊的噩梦营！那里的欢迎仪式让人魂飞魄散，营规条款令人坐立不安，晚上树林里的灰熊成群出没，连比利寄给爸妈的信也被扔进了麻袋……看着看着，我仿佛坐上了一列"纸上过山车"，看了还想看，不肯停下来。

　　就这样，我不知不觉就在图书馆看了一下午，感觉全球悬念大师R. L.斯坦写的"鸡皮疙瘩"系列书实在太棒了，就借了2本带回家看。过了几天，爸爸看我已经很爱看书了，非常高兴，又跑去新华书店买了2本。过完春节后，爸爸又带我去图书馆借了2本，整个寒假我已经看完了5本。而且更加出乎意料的是——我发现自己现在已经真正爱上了看书！

我对图书馆的理解

吴美昊（庆元县实验小学502班）

2018年3月2日

　　图书馆是让人增长知识的地方，而不是供你追逐打闹的地方，是安静的地方，而不是喧杂吵闹的地方。以前那幼小的我对它的理解，不是这样的，以前到哪儿我都是追赶的，打破安静的那一位。

　　让我记忆犹新的就是那一次，我带着面容清秀去，却带着伤痕累累回来，什么？不信，那就让我给你讲讲吧。我和妈妈到了图书馆后，我上了楼，而妈妈却在楼下看书。之后，我又看到了我的同学，兴奋极了，让他来抓我，他迅速朝我冲来，我也三步并作一步跳下了楼。我边跑边看着他，不料，一个转头，就是一个柜台，来不及"刹车"了，我一头撞在上面，瞬间，我感觉到一股热血流了出来。我号啕大哭。妈妈闻声赶来，把我送进医院。到了医院缝好了针，妈妈说："叫你乱跑吧！现在好了，变成了刀疤男。"

我认识到了错误。第二次去的时候，我安静地躲在角落里看书，没有和别人一起玩，安静了许多。

读　书

柳博文(江西省赣州市文清实验小学三年级)

2018年3月16日

杜甫曾经说过:"读书破万卷,下笔如有神。"

大年三十晚上,吃完年夜饭,小舅舅召集大家到郑氏祠堂进行"经典年年读,诗书代代传"读书助学活动。写福字、读楹联、拜先贤、诵《论语》、发红包……短短的一个半小时里,老少齐上阵,书声琅琅,笑声不断,其乐融融。

每年都只读一篇,第一篇是"学而第一",第二年就读"为政第二"。

在郑氏祠堂的正门旁边写着:祖遗世泽温良恭俭明风清,光前裕后礼乐诗书满乾坤。小舅舅还为大家讲解了对联的意思,虽然我现在不懂,但我长大以后一定会懂。

这是我过得最有趣的大年,明年我还要为大家写福字。

父女作文PK赛
百场公益讲座 之16
出口

第四辑　教育心得

大彬老师说——

教育是什么?

教育就是一棵树摇动一棵树,

一朵云推动一朵云,

一个灵魂唤醒另一个灵魂。

教育,是需要启发的;

榜样,是需要时间缓释的。

"随风潜入夜,润物细无声",

把孩子带进图书馆,让他与书为伴,

在书香浸润中成长。

做个能说会写,会生活的普通人。

"无声"的教育心得

这回，我们可真"赚"大了。

几天前，我们才从杭州少儿图书馆太阳风文学社那里，"赚"到一个即将于1月25日下午举行的"父女作文PK赛"丛书首发式，没想到今天(1月23日)我们又从学校的2013学年秋季休业式上，再"赢"一个由校方特意举办的首发式。

校园版首发式除了展示我们的PK赛丛书外，还安排了向学校图书馆捐赠图书的仪式。女儿还被请上讲台，向全校一千多名师生介绍她的写作心得。这是她第一次走上台，面对如此多的人演讲，而且讲的完全是她自己总结的写作经验。尽管我没能现场目睹，但那场景却早已在脑子里浮现。

"感觉还行吧。"发言结束后女儿在电话那头对我说。显然，她正如张冠军老师所说的那样，还稍稍缺乏一点儿的自信，不过这跟去年怯场的她相比，已经有如飞天般的进步了。

我们这次"赚"到的还远远不只这些。女儿为首发式撰写的发言稿，还意外被老师相中，被推荐到《青年时报》，将有望公开发表。此外，还收获了由同班同学刘子安赠送的一份特殊贺礼——一幅书写着"有志者事竟成"的书法作品。

在我看来，我们这次"赚"得最大的，绝对不是这样一次"扬名"的机会，而是一次终生难忘的亲历，一个绝好的学习锻炼机会，一个不可多得的新动力源，一笔永不消失的人生财富，这也是我梦寐以求想要让她体验到的。

"这是一个教育契机，是人生的记忆。"学校大队部张冠军老师说，"我们学校和老师只是在配合家长做了该做的事。"

在我看来，这真可谓是家庭与学校的一次完美配合。特别是当学校老师获悉我们出丛书的消息以后，能主动为女儿提供这样一个展示平台，是非常难能可贵的，在令我感动和受到启发的同时，也深为学校的大气与包容而折服。

我心想，既然说是一次契机，那么自然会是有时效性，完全有可能是稍纵即逝，一去不复返的，为此，必须抢抓契机，趁热打铁，乘胜追去，否则，机会一过，就再也没有了。眼下，我感觉自己就已经进入了抢抓契机模式，甚至还显得有些贪婪。

教育契机是隐性的，不仅需要有不断去发现和创造的能力，更加需要各方面力量的配合与支持。如果说我们这套"父女作文PK赛"丛书，是我们在刻意制造一个良好的教育契机，那么，这一年多来自始至终都是因为有学校、老师、图书馆工作人员等的默契配合支持，才会有今天这样的功效。

因此，从某种程度上来说，教育就是一个及时抓住契机，并力求争得各方力量配合，以达到"润物细无声"的意境和成效的过程，而这样一个配合过程，在孩子的眼中看来是不留痕迹的，是"无声"的，而默契的配合过程无疑是一种艺术境界。

希望得到配合与支持的教育力量，应当包括老师与家长、家庭与学校等一切与孩子有关的因素，当然也包括夫妻间，以及与长辈、同学间的各种关系。

如果将各种教育力量配合的过程提升至艺术层面来说，显得有些高不可攀和晦涩难懂的话，那么要往简单里说，这无非就是彼此的一种默契配合，一种水到渠成的畅快感，哪怕有时整个过程在操作中相当的繁累，却丝毫没有折腾感。

凭我的个人经验与体会，作为家长，要想将与老师间的配合作为一种艺术来追求，有两个前提是必须想明白和搞清楚的，一个前提是："无论哪位老师都希望自己的学生能更优秀。"另一个前提是："老师教的孩子是我们的孩子。"

换句话说，家校间的良好配合，是要以真诚和善意为前提的，甚至可以说是有发自内心的一种信服与敬畏感。唯有如此，各方目标方向才一致，也才有实现默契配合的可能。这不仅仅是指老师，凡是有课堂之处，皆应适用这样的道理原则。

如果说教育是一种契机，是可以人为创造的，那么，默契的配合同样也是可以创设的，当然，这需要双方有良好而充分的沟通。

其实，我认为"无声"配合艺术，仅仅是从孩子个体视角来说的，而从家长角度来看，现实中想要达到"无声"配合的艺术境界，其背后是需要家长做大量"有声"的交流与沟通来支撑和保障的，当然所有的这一切都是以服务孩子为中心的。这就好比是在演的一台戏，配合的各方必须想方设法将孩子推向舞台的中央，成为戏的主角与观众的焦点，而作为家长则连个配角都不是，只是一个在做着诸如寻租场地、组织观众、准备服饰等苦累杂活的后勤保障服务人员而已。

总之，要实现完美的"无声"配合，前提是有彼此各方的"有声"支持。其实，我们这次之所以能"赚"大，无非也就是迎来一次难得的教育契机时，就主动与各方资源力量进行"有声"的沟通和配合，从而努力实现契机教育的效益最大化。当然，这一切在孩子眼中必须是"无声"和"自然"的，要一切都显得那么的"理所当然"。

2014 年 1 月 23 日于杭州

映现时代

钢筋水泥，隔离彼此人身。

网络时代，隔阂你我人心。

雾霾多发，隔开自然之交。

如此多重的隔阂，长期隔着玻璃说话，慢慢地连说话和交流的本能也在退化了。

这样的时代背景，与善以群居为本能的人类是相悖的，也与温、良、恭、俭、让的中国传统主流文化是对立冲突的。因而"我国抑郁症发病率高达7%左右"[1]这样的数据，也就不足为怪了。

---

[1] 2017年4月7日世界卫生日公布数据。

　　我估计，实际隐藏与边缘的数字要远远高于此。这也是这个时代的"不治之症"，与人心隔阂严重程度应该是成正比的，因而这一问题，绝非药物与简单的心理疏导所能根治的。

　　越活越不容易，这也是真实现状。

　　我没有去做过专门的科学研究，这也仅仅是一家之言，抑或是一个人对社会的感觉与判断，当然，这样的感觉基础是自己的种种亲历，加上目睹的种种现实。我个人认为，可能是一种带有个人偏见而又完全有可能存在的事实。

　　我们一个小小的家，是中国的，也是世界的，更是这个时代的细胞。我个人认为，一家之见也是能映现这个时代的。

　　这次给女儿写完致歉信，竟然没有落下一滴泪，便很能证明我心有多"硬"。这令我感到有些意外与不解，我的泪点一直比较低，这又是哪里来的力量让我坚强？

　　今日方知，昨晚女儿也是用别样的方式反抗我的暴怒。她将我洗脸的毛巾扔进马桶里，被她妈捞起放在边上。这我可是不知道，今早还用那块毛巾来洗脸。原来，不论多么弱小的生命，也会用独特的方式保护自己。自己释放出的怒气，竟是以这样的方式折射回来。

　　这便是最原始本真的报应。我认了，不责怪女儿，自找的，活该。切记，"怒是猛虎，欲是深渊"。

　　我有些强逼自己，常读《论语》，常去浙图听讲座。事实上，这样的过程，是一个学习过程，也是一个觉悟的过程。因为书里的和台上的见闻，都能时时促进我的自醒与觉悟，这也符合"学"字之本义——觉悟。活到老，学到老，便是觉悟到老。

坐在台下，听着听着，慢慢发现是明了的，也是冷静的。至少能时时以自己的偏见和经验，去衡量台上的人，是轻了，浅了，还是重了，深了。时间一长，慢慢感觉到，坐在台下的自己，被台上的人感动的次数在减少，欣喜感也在降低。

之所以还在坚持，是因为这是一种消磨时间的习惯，同时还有对台上的心存敬意，也期待还能被感动和打动，哪怕是一句话也就知足了。

今早，我坐在浙图听讲座，有些分心，还想着昨晚的剧烈冲突，心里突然冒出一个念头，将来要把这些内容收集起来出一本新书，书名就叫《向女儿致歉》，以此反省自我。恐怕只有这样，"父女作文PK赛"才是真实完整的，也更加接近本真。事实上，承认不足，向女儿致歉，比自我肯定、自我赞赏，要难得多，更加需要勇气和力量。当我今天将致歉信转给女儿时，冲突对峙到今天晚上便消融了。

在过去，我是从未想过，也鼓不起勇气向孩子致歉的，而如今却鼓起了勇气，主动承认不足，有些犹豫是否要公开，一下狠心，也就迈过去了。这样的力量，应该来自一种自我对照后的深度觉醒，也算是觉悟的成果吧。

唯有展示了正反两面，才是更加客观，接近事实真相，也更加真实。我多年的从业经历也在不断告诉我，保持多面的真实，其实是这个时代最为紧

缺的一种气质与风气，这也是客观解读任何人、事、物所必需的，否则便是不公平的，也是有偏见的，甚至是偏颇的。

一路前行，在困扰中觉醒，不仅仅是对孩子，更是对自己，这在我看来，便是对于所处时代的一种特殊的自我解构和挖掘，或许是没有太大的意义和价值，但在我个人看来，毕竟是真诚的，也是发自内心的。如果硬是要说有深度，必然会是自我的，孤独的，甚至是苦涩的，是不解的，这也无所谓的。

唉！蹩脚的我，在这样蹩脚的时代，幸好还能坐下来写写，写着写着内心也就舒畅了。否则，恐怕早就挨不过去了。所以说，真要好好感谢写写这"三脚猫功夫"佑护着我和我的家人。

2017年4月8日于杭州市曲荷巷18号

幸福的两天

　　盛夏里，去浙图避暑，不仅是凉爽，还能顺道听场讲座，这确实是个高雅又明智的选择。不知道别人怎么想，反正我是这么理解的，也坚持这么去做，不奢求收获太多，哪怕只有一点点收获，我也欣喜不已。

　　三尺讲台有神灵。能站上台上的人，理应要能给人以精神的启迪，或多或少，总得要有一点，不敢苛求定是一场思想的盛宴，但求别睁眼说瞎话，浪费他人时间。

　　2017年7月15日上午，杭州科技职业技术学院两岸经济文化研究中心刘鹤先生，在浙图主讲"浙江现代文学三十八年"，通过对"1912年至1949年，这38年中，全国700多位作家，浙江占130多人"的"浙江现代文学群像"深入浅出的立体式剖析，令人感慨。

课后，感慨良多，我不禁这样想：如此的文学群像，按其解析分析，是一个时代社会的特定产物，而且是唯一的。

如此看来，分析这样的文学群像，应先以人学和社会学的角度来审视和分析，这样或许会更加科学公正些，与事实更贴近一些。教育学，也亦是如此。其他的各学科，也应是这样。

或许只有这样解读，各种各样的时代特色群像，或伟岸高大，或光怪陆离，林林总总，大大小小，只有置身于人学与社会学的大背景聚光灯之下，瞬间便能退却种种的假象，变得更加合理与通透。否则，难以读懂。

如此想通了，读懂了，自然也就包容了，接纳一些，释然许多。

教育学，亦是人学，更是社会学。先试着学会自我剖析，明知这样是偏见，又有偏颇。

特别是当下在女儿们这"00后"教育问题上，若是将教育学放在"城市化、高房价、人口大转移、独生子女、衣食无忧、互联网"等时代社会背景下，面对如今具体表现出来的"知识丰富、兴趣广泛、沉迷网络、孤独脆弱"等表象，似乎也就不足为怪了。

入暑后，刚读完初一的女儿，便是过着这样的生活：常独自在家，喜欢关上房门，也不愿同父母多交流，沉迷于手机，晚睡晚起，三餐喜欢自我安排。在每周一、三、五的午后，烈日下，独自出行，乘上一个多小时的公交，前往三墩，跟浙工大彭鲲老师学素描。

面对青春期孩子，如此种种表现，从家长角度来审视，感觉两者距离好远好远，远到遥不可及，甚至有若于陌生人，以常态去臆想，难免焦虑，甚至发怵。

若是置于人学与社会学的角度来思考，似乎淡定许多。

若是再按此思路来体味，我们这样的"70后"，一旦置身于"前一脚在农村，后一脚在城市"这样独特的时代社会背景下审视，再来反观诸如"自卑胆怯，勤奋向上，知足感恩"等，也就显得顺理成章了。

若再按此来审视和面对，最近发生的两个带血的极端个案，不知又该做怎样解读？问题症结与对策又会在哪里？2017年6月22日早上5点左右，浙江杭州蓝色钱江小区2幢1单元1802室发生火灾，导致一位庆元籍的母亲和三个未成年孩子不幸殒命。后查明，系保姆莫某晶人为纵火。再如，7月16日4时29分，江苏省常熟市公安局接群众报警：虞山镇漕泾新村二区74幢发生火灾，有22人死亡，经查系姜某某人为纵火。

个人也罢，事件也罢，时代也罢，等等也罢。这不正如苏轼在《怀西湖寄晁美叔同年》所言的那样："西湖天下景，游者无愚贤。深浅随所得，谁能识其全？"这是7月16日下午，中央美院硕士、雅昌艺术中心艺术总监李琢玉先生在主讲"中国古典山水画欣赏"时开讲所引用的。

他的讲座，脍炙人口。特别是当他提及宋代马远的"马一角"和夏圭的"夏半边"时代风格，以及其引用林语堂先生对宋画"一层神秘的雨雾包围着，或者是空气中有着过多的水蒸气似的"的评价时，对我很有启悟。

最近，闲来无事，在季盛和同学对龙泉青瓷喜好的影响下，也开始关注并喜欢上龙泉青瓷,无事时,常到他那借些书来翻翻。更加幸运和值得感激的是,能时常在他那里玩赏触及各种器形的"粉青"和"梅子青",慢慢引燃了我的兴趣。

而正是有了李琢玉先生对宋画的解读,让我对宋龙泉青瓷的光素无纹,凭"色"制胜,有了别样的感悟和明了。同一时代的瓷画,有着同一时代的社会学与人学背景,理应相通,必定可供借鉴启发。

在这个周末,浙图另两场讲座,同样很精彩,也很有启发作用:比如,7月15日下午,数据公园创始人海军博士主讲"2017全球创新趋势发布",其讲座内容过程,本来就是产品的观念,我很是赞同。而7月16日上午,浙江师范大学音乐系艺术史论教研室主任洪波主讲"浙江黄帝和西陵氏文化探究",这位74岁高龄的老人对文化的喜爱与自信,以及对杭州民间叫卖小调的哼唱皆很有感染力。

这便是我的周末,我的两天,有了收获,便有幸福。

2017年7月18日于杭州曲荷巷18号

别用阅读烦孩子

天是常要下雨的，就好比人常要洗澡一样。至少我是喜欢的，雨后的西湖，香香的，爽爽的，特别适合用来赏心与醒脑。

生有涯，知无涯。学习机会常常与生活搅和在一块，明明就在跟前，却不被人发现和利用，特别是年轻人，周日能来浙图听讲座的，毕竟是极少数。我之所以会例外，那是因为我自感无知，连个大学也没上过，读的书又少，因此，每到周末，我总在第一排老老实实地候着。

赚钱无涯，任何时候去都不晚，而唯独孩子学习时机是有限的，得争分夺秒地去珍惜，正因为如此，我认为，家长还得要陪读优先。

阅读对于孩子的成长非常重要，这早已是圈里圈外的共识。苏联教育家苏霍姆林斯基曾这样说："让孩子变聪明的方法，不是补课，不是增加作业量，而是阅读、阅读、再阅读。"

最近几天，我也在思考有关孩子阅读的事情。当然，我是不可能总结出上述大师这样的名言名句来的，我只能在具体如何操作上做点粗浅思考，否则总感觉那些说起来极为重要的事情，常常飘浮在空中，久久难以落地。当然，最好能有简单而管用的方法，让人一学就会，一听就明，以便直接供大家效仿与借鉴。

如此持续的雨天，对于我个人而言，最大好处就在可以手捧着灵魂，主动接受甘露的冲刷与洗礼，好将那无用的赘肉与杂念，给冲刷得干干净净，只剩下一副骨架，一看就明了到底是啥东西了，别再搞得那么复杂。

我常想，既然"人之初，性本善"，那么人之初就应该是喜欢探索和向往阅读的，或者说，阅读的本义是快乐的，是一件人人都乐意为之的开心事。

有人说，病人十有八九都是被吓死的。如果套用这句话，很多孩子的阅读潜能也是被家长们给吓跑的。

家长们常常会步入这样的误区，心里明知阅读很重要，因而总是急着想要让孩子爱上阅读，为此，常常简单地把这一目标挂在嘴边，一天到晚总在不厌其烦地叫嚷"孩子，看书了。孩子，看书了"。此外，还常常到书店去，按自己的理解给孩子抱回厚厚一大叠书，其中不乏连一般大人都难以读懂的经典。一个天真的小孩，却天天都要被逼着去面对一座高不可攀的"书山"，不被吓坏才怪呢！正因为如此，常常会出现"学什么怕什么"的现象，这还是常为家长们所忽视的一个前提性细节问题。

就我个人看来，阅读与写作都是需要有特殊的心境的，而且这种心境往往是稍纵即逝。特别是在旁人喋喋不休的唠叨声中，以及长篇累牍枯燥无味的威逼之下，兴致极易跑得无影无踪。与此相对应的是，一旦兴致丧失，则会转向厌恶的负面情绪，甚至可能产生抵触情绪，届时阅读的心灵之门很有可能会永久性关闭，长此以往也就很难谈得上喜欢了。

在很多情况下，爱无须说出来，而应落实在行动的细节与氛围的营造上，阅读也同样如此。为此，我建议，家长们不妨先将"让孩子爱上阅读"的目标从嘴边弱化，甚至是悄悄地藏在心里，而着力在营造良好的阅读心境上下功夫，在书本与孩子的心灵之间架接起一座快乐的桥梁，让孩子从心底里愉快接纳并喜欢上阅读。

根据我个人经验和感觉，最好方法还是充分信任孩子，给足孩子阅读自主权，采取润物无声的方式，长期坚持将孩子放在图书馆和新华书店里，任其自由快乐地阅读，时间一长，孩子也就慢慢地喜欢上阅读了。其实，这样做起来并不难，因为，阅读本身是快乐的，千万别用阅读来烦孩子。

2014年6月22日

因乐而自觉

内生的力量是惊人的，也是无穷的。

力量内生的过程，就是由"要我"向"我要"转变，完全是一种自我自发的、内需性的自觉，这样的过程不仅需要有特定的外部条件促成，更是一次质变过程，一种习惯从无到有的养成过程。

这是内心自觉力量使然，更是反复快乐体验的结果，要不然一个孩子怎么可能如此主动地找到我"应战"呢？特别是当我在三门出差，在深夜时分上网时，竟然意外发现，远在杭州的女儿已经早早地写好了一篇小文，就等着我前去PK，等着我回家时能给她买一本书。

我一边在暗暗欣喜，一边努力在脑里不停地想象着她那副得意扬扬的开心样，竟然还笑出声来了。

当写作成为一种习惯与爱好，由此产生内生性力量，竟能让一个十周岁的孩子产生如此强悍的动力，这在让我感到惊喜的同时，也更是为生命存在的无限潜能而由衷折服。

一位年仅十周岁的普通孩子啊！不管她是为了能"赚到书"呢，还是已经从写作中体验到快乐和兴奋，这一切都显得十分的难能可贵。

虽然我也不是什么心理学家，但我在预想，如果写作成了女儿的内生性动力，必将会如影相随陪伴着她的一生，能让她体验其中快乐，这也必将使她受用一生。将来如果真能达到这样的目标，那么这场"父女作文PK赛"的目的也算是达到了。

停停写写，写写停停。最近几天，我没有太多写的状态，或许是因为忙着等待"孩子"——新书的到来而兴奋吧。

不过，我的内心却始终没有停止过思考，我一直在想着前几天到三门有为图书馆做讲座时，一个志愿者提出"为什么要开公益讲座"的问题，试图能找到一个适合又精准的答案。

对此，我更倾向于内在的自省，想从内心寻找答案。我反复审视自己，试图在心底里找出一个足以让我动笔的冲动，只可惜答案在反复游走，始终未能定型。

一直到了本周六，当我在浙图听饶文心讲述世界民族音乐时，在撼动人心的乐曲中，猛然有些醒悟，并且隐约感觉有可能已经找到答案了。

我想，假如我是一株树，哪怕是非常普通的树，也需要有一片能扎根的土地。再假如我是一条鱼,一条不知名的小鱼,同样是也渴望能有一片可以畅游的水域。

总之,不论是树,是鱼,还是我,不论大小、贵贱,都需要有一片属于自己的土地,渴望能从中吸取养分。

如果按此比喻,那么我如今所做的一切,就是在努力寻找并开创一片属于我自己的土地,这是一片能让心灵安慰,又能扎根的土地,或者说是需要有一片能畅游的水域,尽管我始终不知道将来自己能长得有多高,能游得有多远。

自觉缘于自由,更缘于自由带来的快乐。我在寻寻觅觅,无非就是为了那片自由的蓝色天空。"父女作文PK赛""文澜讲坛""老爸,作文我不怕""百场讲座""我的书房——图书馆"等等,所有这些元素构成了我赖以生存的水分和土壤,能让我把仅有的根扎得深些,再深些。

我就如一头饥渴的奶牛,渴望并努力搜寻一片独有的肥沃水草,更想能在阳光灿烂的午后美美地啃食青草,尽管我心里也明知在将来的某天,我完全有可能是挤不出一滴牛奶来的,除了那一堆又一堆臭哄哄的粪便,不管如何,这多少也算是一种小贡献吧。

既然是树,是鱼,是奶牛,还是先努力扎根填饱肚子吧,又何必去管将来能挤出什么东西来呢?

2014年9月28日

亲历，重要的

　　今天，世界读书日。晚饭过后，我用白瓷碗沏上清雅的安吉白茶，再捧上杨伯峻先生的《论语译注》，就着网上的少儿跟读版，边听边默读，不时催促女儿也来跟读。今天日子有点特殊，我特许女儿去买本她自己喜欢的书。

　　其实，我们家的书已经有很多了，因为我们家有两个"大书房"——一个是我的浙图，另一个是女儿的杭少图，这两个地方什么书都不缺。不过，女儿还是很喜欢买书，这或许与她时常以买到新版图书而在同班同学中引以为豪有关吧。借书与买书是两种完全不同的亲历，前者是短暂拥有的幸福，而后者则是永久占有的快乐。喜爱买书，且能爱读书，这是件大好事，理应支持。

　　最近，我也想要去占有一些东西，比如《论语》与《道德经》等。主要是因为受在浙图听到多个国学讲座影响有关,也使我悄然下定决心要将这两本书给慢慢地读起来,并尽己所能"学而时实之"。尽管我对很多字义一知半解,有些甚至连字音都读不上来,但我还是抱着能读多少算多少的随喜乐读心态读起来,这样也就没有什么压力了。当然,我还想顺便为女儿营造一点阅读经典的氛围,为此还故意将电脑的朗读声音开得大一点,为的就是让与我在同一桌做作业的女儿也能"被经典"一回。

孩子虽然小小年纪,但已让我享受到她带来的恩惠。我现在喝的安吉白茶就来自女儿的同班同学刘子安。这些白茶是不久前班级举行的采茶活动中,由刘子安家长提供给大家分享的。

在这次班级采茶活动结束以后,女儿前几天还从不同角度写了两篇风格完全不同的习作,这足以说明参加这样一次亲历活动,对于一个孩子感知社会有多么的重要。我甚至可以断言,如果女儿没去参加这次实践活动,肯定写不出这样不同角度的文章来。

"如果再让你去写,还能写出第三篇采茶文章来吗?"上学途中,我着试问道。

"能啊。我班里有同学比我写得更好的。"

"那能写第四篇吗?"

"也能啊。"

在我看来,写文章在很多时候无非就是借用文字道出内心的亲历感受,或真实,或联想,或感悟。只要你能不停地变换思考的角度与角色,然后通过不同的文字排列与组合，就能把亲历的意义和感觉给充分地表达出来，也并不见得有多么的高深和难度。当然，我这里所说的简单，仅特指像我这类以自得其乐而文的人而言，这与那种"大家"和"高手"是不能放在一块相提而论的。

亲历对于孩子的成长特别重要，而这种亲历在很多时候是需要家长和老师去刻意制造的。比如4月12日女儿班级举行的"茶文化——安吉九龙茶场采茶行"活动，就是由班级家委会五位热心家长组织策划的，这也是女儿所在403班举办的系列文化主题活动之一。此前，已经开展了"饮食文化——家乡特色菜大展示""戏曲文化——走进省非遗杭剧"两大主题文化活动，深受大家好评。去年，我因上台读了女儿代写的竞选稿，意外当选为家委会会长，此后就与另外的四位热心家长一起努力快乐践行"给予是快乐的"诺言。

对于班级家委会的作用与功能，按我个人理解无非就是努力为孩子制造亲历的机会。换句话来说，就是充分利用家长的各类教育资源优势，努力为孩子开辟全新的教育天地，分担现今学校和老师想做却又不敢做的事，比如开展类似于采茶这样的春游实践活动。至于什么监督老师与学校，什么服务班级和老师，等等，那都是桌面上的套话。

对于家委会组织的各类公益活动，我个人向来反对将大家集中在一块简单的吃喝玩乐，这类蜻蜓点水式的游玩，太过于简单和肤浅，对于孩子的成长没有特别深刻的影响。我更喜欢和主张想方设法制造参与的亲历机会,尽量让每一个孩子与家长都能动手参与进去,亲身体验各种各样的活动,从中领悟到生活的真味。

唯有亲历了,才有发言权。组织孩子们到茶园里去,如果只站在边上参观看着别人采茶,与自己动起手去采茶,这两者之间是有天壤之别的。同样,喝着自己采摘的茶叶,与掏钱去市场购买茶叶,也是有着巨大差别的,自己采来的更加别有一番滋味。这种体验式亲历,具有不可替代性,只有亲自参与了,才能体会到个中滋味,才有生活质感的发言,这就是亲历的魅力所在。

制造亲历机会对于孩子成长的重要性,我十多年前的学生周贞不久前写的回忆文章就极具有说服力。我时常会在心里预想,类似这样的安吉采茶之行,对于孩子成长来说必将会是入脑入心的,也必定会在孩子的成长记忆里刻下一道无法抹除的深痕。尽管这样的定论,尚需在若干年以后才能得到验证,但现在的我信心十足。

就在我想方设法为孩子们制造亲历机会时,很快也联想起了我的童年亲历,同样终身相随,让我受益匪浅。即便是如今的我,虽然身处在钢筋水泥包围中的杭城里,每当我想起农村的那些农事来,每一件事几乎都有格外的深切体会,比如在烂泥田里脚底踩到尖石的硬痛感,赤脚渡河时踏到不同质地石头的不同滑溜感,盛夏上山砍柴衣服上特有的浓重汗臭味,以及不同农忙季节赤脚下水田时的不同感觉,等等,全都烂熟于心,因为这一切都是我小时候的亲身经历。以上这些种种感觉,如果光靠看书和闭门苦想编造,蒙蒙外行人还勉强可以，想骗过有经历的人却很难。

　　既然有人说亲历就是财富，那么对于家长们来说，就应该想方设法去创造亲历的机会，以尽量让孩子们多一些亲历的体验，有些经历即便在当下看起来是苦涩的，但在经过若干年的发酵以后，还是慢慢能内化为财富的。

　　孩童时代的那些简单亲历是可以制造的，但长大以后各种痛苦的亲历，却是始终无法回避的，这就是生活的本源。其实，人的一生就是这样不断成长，不停亲历，渐渐积累，最后才能有"四十不惑""五十知天命""六十耳顺"的宝贵收获。

　　唯有亲历过，方能知道并收获生活的真味财富。要想成为一个优秀的人，光靠读万卷书，应当是远远不够的，还必须行万里路和历万件事的实践体验，只有这样才能更加全面客观地理解生命的精彩，也才能体味到生活的无奈。

2014年4月23日

被逼着学习

有一种学习，叫作被逼的，我就属此类。过去，我被逼着学习，如今依然，只是被逼的比例在减少，主动性在不断增强。

多年前，我曾在丽水学院图书馆读到一篇小短文，它对我影响颇深，让我时时想起，常常"勤而行之"，很是受用。

时隔多年，我依稀记得这短文的题目好像叫"把自己扔到栅栏外去"（百度未果），文章大意说，人有很强的惰性，而应对最为有效的方法，就是主动将自己"扔到栅栏外去"，置之死地而后生。例如主动将自己想要实现的愿望告诉更多人，借"面子"逼迫自己不断努力。文中还举了个洗袜子的例子，我印象极深刻。说是在冬天里，一般人只要柜子里还有袜子可穿，往往很少有人主动会去清洗。为了逼迫自己养成天天勤洗袜子的习惯，不妨将那些未穿的干净袜子也浸湿，让柜子里一双干净袜子也没有，这样一来自然就得主动去洗袜子了。

记得在"父女作文PK赛"开始之初，我就是这样主动将自己"抛到栅栏外去"的——让更多人知道这场PK赛。如今百场讲座也是如此，通过微信时时发布，让大家都知道，以此来逼迫自己不断坚持，效果很是不错。尽管有人说是"高调"，也不管这么多了。

回想PK当初，我就是在杭州曙光路上，每天被一群充满爱心的"狗"撵着向前跑。特别是女儿那令人忍俊不禁的"汪、汪"声，更是乐无穷，动力也无穷。而如今的上学路，在同样的上坡路段，再也听不到狗叫声了。彼此之间，更多是沉默。孩子悄悄长大，已有自己的天空，自然会慢慢离去。

到如今，随着演讲的开展，特别是在"高手在民间"的逼迫下，又不得不时时提醒自己要不断学习，争取"能有一桶水"，以免有负于台下那些学识参差不齐的家长，别无他法，唯有逼自己去恶补了。

只要你下定决心去做，想学乐学，机会总会有很多，特别是在省会杭州。

早年，曾闻城市大学里有"蹭课一族"，也搞不明白是怎么回事。不想而今，自己也成为其中一员，四处蹭课，收获颇丰。特别欣慰的是，每到一处，哪怕主动表明，也从未被拒绝过。对于主动学习，似乎不论谁都给予很大包容。

最近，我就挤出时间连续去听了由浙江外国语学院开设的国学课，很受启发，并在顾大朋先生等人的熏陶下，试着把国学给读起来，用起来。

只是这样一来,我愈加明显感觉时间不够用了,深刻体会到生命与时间的宝贵,"时间不多了""死亡,也是一个过程。人,是一天一天地死去"等感慨日趋强烈,与此同时,我也深切体味到"被人陪"和"陪别人"的感觉。

是啊,对于个人而言,除了时间(生命),还有什么更宝贵呢? 要把更多时间留给自己,做自己想做的事情。

知无涯,时有限,不得不逼迫自己在学习上,有所取舍,挑拣些自己最感兴趣和有用的。同时,也开始尽最大努力舍弃那些无关紧要的活动,把时间节省下来,做自己感兴趣的事情,把生命花费在美好的事情上。

说起学习,还得真心感谢杭州这座城市,为我创造了无数的学习机会,这里真是一座没有围墙的大学,任我四处奔走,寻找自己喜欢的讲座,以此来增长知识,提升学养,这对于我这样没上过大学的农村娃来说,还是非常有必要的。

无须隐瞒,在我的讲座中与大家交流分享的很多信息和内容,大部分都是在蹭课中听来的,因此这也成为重要源泉之一。只是可惜自己记性不好,才识粗浅,在涉及数字、人名、年代等细节时,容易混淆,精准性有待提高。

"学习与不学习,每天看起来没有任何区别。每月看起来差异也微乎其微。每年看来差距虽然明显,但好像也没什么。但如果每五年来看,那就是观念有巨大分野;到十年再来看,也许就是一种人生对另一种人生不可企及的鸿沟。"

朋友圈里读到这句话,很是在理。回望来杭四年多,一直在逼迫中学习，如今回望，意外收获颇多，同时，也慢慢体会到学习带来的好处，特别能使日子充实，精神充盈而丰沛。当然，也愈加体会到自己的无知与粗浅，也愈加体味到学习的必要性和紧迫性，而且这样的强烈还是前所未有的。

虽年过四十，来到杭州后，一直被逼着学习，逼着讲座，逼着写作，一点点前行。虽感到有些晚，但细细体味，还是觉得"只要你想学了，任何时候开始都不迟"这句话很是在理。

能被逼上学习这条路了，真的挺好。今后，当然得继续。

2015年10月18日于丽水

我，顶多值一块钱

在这个以崇尚物质为主流的时代，一般人都习惯于用"钱多钱少"来衡量一个人的成功与否。比如，拥有多少房产，换了什么车，赚了多少钱，等等，这也是日常聊天的主要内容。

曾记得，民间也有"给命称重，值几钱"的占卜说法，据说能称算出一个人的命有多重，值几钱。多年前，我的祖华伯伯就帮我算过。只可惜，我不记得自己值几个钱了。我能值几个钱呢？思来想去，我想顶多也就值一块钱吧。差不多了，也就值这个数，或许，还不到一点。

这还是一个极易走极端的时代，普通大众评价一个人或者一件事，总是非好即坏，非黑即白，至于介于中间的时好时坏，介于黑白之间的过渡灰色地带，则视而不见。

这在我看来，过于简单，也有失于客观，至少偏离了本真。事实上，都是黑与白、好与坏的混合体，只是各占的比例稍许不同而已。

先拿自己这样一个普通人来说事，我就是多面而不完美的。比如，我有优秀的一面，亦有很多不足的地方；我看似博学，实则很无知；我名为帮助别人家的孩子，实则是为了自己和孩子；别人都说我把女儿教得好，实则自己知道有很多缺点。总之，不管别人如何评价，我自己心里始终都要比任何人清楚。

也正是基于自己底气严重不足的事实，才执意要将在线点播从原来的9.9元降至1块钱。感谢杭州飞燕信息科技陈雅成先生的支持与认可。

一块钱的点播，一块钱的稿费，简单易记，一进一出，合情合理。何况本来就是无聊，拿来玩玩的。何况我说的都是一己之见，东拉西扯，左抄右凑，普通话也不够准，还时常念错字，打别字，甚至还有很多字不认识，不理解，真是才疏学浅，只无奈生活有些无聊，才厚着脸皮，给硬撑着讲下来的。

不知道别人怎么看，也不必在意别人怎么想，反正我是要坚持自己的想法，并努力去践行。这就好比对自己的孩子一样，不论她将来怎么样，学习成绩优劣，我们作为家长都应报以最大的宽容，无条件地接受和深爱，对于自己孩子的梦想，更应该无条件地给予最大支持，而不应自以为是的试图控制，要让孩子按已设置好的线路去成长。

别人不知道，我不是真心希望女儿千万别成长我所希望的那样，而是期待她能在我的零期待中，按自己感觉去成长，将来给我一个意外的惊喜。事实上，我们大人都是过来人，心里都知道，只要能好好活着，比什么都重要，甚至远比上清华北大重要很多。只不过，很多人都不愿意接受这个事实，宁可痛苦而挣扎地活在幻想中。

教育是纯净的爱，与钱没有多少关系。这也正如在"父母的层次"金字塔中所排列的那样，"仅付出金钱"是最底层的，也是最低层次的，而后向上分别依次是"仅付出时间""思考教育目标""关注问题及原因""提升自我并言传身教""让孩子成为最好的自己"。

我是顶多只值一块钱，甚至可能有些不足，因而要不断努力，力争物有所值。而孩子们的文章，至少是要比我的值钱，他们可是货真价实的，远远不值一块钱，将来还有很大升值空间。参加周六PK，还值两块钱呢。

不知不觉，文学梦稿费已经发放超过3000块了，这3000个一块钱稿费，就是3000粒梦想的种子。

在上周六作文PK赛前，我在微信朋友圈看到这样两条消息，备感欣慰。

"在杭州植物园，在便利店找了一个桌子等主题，到时候电子稿晚上回酒店发。"德清县新市镇完全小学404班高涵同学家长"江南越"这样说道。

"2块稿费，文学梦，周六同题PK，三个小屁孩竟然舍得放下玩具一起PK了。"微友"辰星"在朋友圈这样写道。

第10期的大彬老师周六"即兴作文PK赛"，我出了这样一个题目："明天——6月5日，是世界环境日。今天请你来想想办法，把这条严重污染的小河治理干净。发挥想象，自由编写，题目、字数不限，时间40分钟。"

与此同时，最近大家还在群里就有孩子上网抄袭他人作文，以赚取一块钱稿费而展开热烈讨论。大家基本都认为这样做不妥,家长有责任加强教育。

缙云陈晓政老师说得很是在理。他说,今天大家在讨论这个话题,是告诉孩子,可以认真品读他人的好文章,但要认真去写属于自己的作文。自己的才是最好的。孩子们,不要为了应付老师布置的作文而去寻找例文,不要在这里为了投稿而写作,不要为了完成挑战而应付。你的坚持是一种品质,诚实写作,为自己的"文品"负责。我们"亲子作文",也需要家长的配合,锻炼孩子"会说,会写,会生活",这是我们的理念。说,表达,沟通;写,记录;生活:建设自己的美丽人生。

不过,对此我个人赞同大家观点,不赞同更不支持抄袭。

但对于孩子们而言,我个人更加倾向于包容,这与大人眼中上纲上线的"抄袭""剽窃"是有区别的。这或许只是孩子一时因好奇而耍的小聪明,或者是一次无意识的偷懒,抑或是一次小试探。他们因为自信心不足,羞于亮出自己的作文,于是到网上去抄一篇"优秀点"的来试一试。

必须给孩子更多的机会,宁可如我这般假设。万一他们真是这样无意而为之,我倒真心希望某一个孩子,因为这样一次尝试性"抄袭",在获得一块钱稿费时,瞬间就燃起内心的好奇与信心,并尝试着动笔写作,并慢慢爱上写作。事实上,我在前期就遇上过这样的孩子,就是因为上网"抄袭",在获得稿费以后,才慢慢爱上写作的,这个人的名字就暂且不提了。

能值一块钱,足矣。

2016年6月6日

学之"怪圈"

周末，又陪女儿去博库书城，她依然目标明确，直奔三楼少儿漫画部，先是一阵猛看，而后，在回来时，照例要抱回一大堆漫画书。

"少买几本吧？"我说。

"不。"

"哪有这么多钱买啊？要还按揭呢。"

"已经很少了。"

"你看人家都是买一两本。"我说。

"好了。就这些，不能再少了。"

付款前，我们俩总少不了这一阵讨价还价。早在意料之中，最终于心不忍，拗不过她，还是顺从她了，毕竟是买书，是好事，尽管都是些"无用"之书。

这次花的230元，用的是她自己的零花钱，都是长辈们平日里给她的，平时没舍得花。她，也只有在买书时，用起"毛爷爷"来是特别大方，与往常完全不同。

最近，她痴迷漫画，用手机建部落，同一群孩子在网上玩漫画。

手机互联时代，进书店的人愈加稀少，除了少儿楼层略有些人气以外，其余楼层空荡荡，静悄悄。

如此空静，倒挺适合我。我照例独自漫无目的，走走翻翻。在猛然抬头时，望着满眼的书海，一书一世界，令我倍感自己的渺小与虚无，同时，恐惧与不安由心底油然而生。

最近常有这样强烈而独特的感觉，有着同样感受的还有两个地方：一个是当我走在海边沙滩上时，面对不知疲倦、永无止境的茫茫大海。另一个是每当我走进浙图，在聆听完一场在某一领域令我折服的讲座后。

不得不承认自己的浅薄与无知，这是事实。

有一种感觉很是奇怪，当我越觉得自己无知时，内心就越加不安，同时，时时提醒自己要不断学习，而学习后又愈加明白自己无知。不知不觉中，就陷入学与不学均不安的"怪圈"。

"为什么要学？""学来有什么用？""为什么要这样做？""如此忙碌为了什么？"这一系列问题，最近常常萦绕在我脑海，在困扰与摇摆中，坚持前行。其实，这是一种很别样的感觉，甚至有些苦闷，别人或许是无法理解的，但我自己都清楚。

曾记得顾大朋先生在讲读《论语》"知之为知之，不知为不知，是知也"之时，曾提及"人有是非之心，能明好坏，知高下""博学，审问，慎思，明辨"等等，甚是有理。

可当你学完，再将这些圣人的"标准"悄悄在内心里自我对照时，就会发现自己一无是处，与先贤相距甚远，内心难免不安与恐惧。有时想想，或许不知，不读，不学，反而会轻松痛快些。

如今，去知了，学了，找到差距，发现了不足，制造了矛盾，时时会觉得忧郁不安。或许，这就是所谓的进步吧。

学也惶恐，不学也惶恐。但细想想，学总比不学要好些，因为，不学只会更无知。

想到这里，也就咬咬牙去坚持了。

"吾生也有涯，而知也无涯；以有涯随无涯，殆矣。"重点在后半句。

2016年6月27日

春日，片叶

　　有幸，常在午间，绕着西湖畔的宝石山，悠然漫步，拾级漫谈，相互启智，难得自在，简单重复。

　　这里，不仅是西湖山水，一草一木，皆有灵性，看不厌，赏不够。只要在那儿一站，一放眼，便能驱走所有不快，豁然感油然而生。

　　步入中年，诚惶诚恐，老老少少，林林总总，展望与回忆，皆是满满的忧虑，抑或是有诸多无法言说的无奈，来来回回，走走看看，山山水水，也算是能释然不少。

　　生活便是这样，那点儿捎带美好的兴致，好不容易才刚刚一冒头，很快便又被那些诸多的莫须有给瞬间压灭了。

　　春已悄至，两片小叶，鲜嫩黄绿，轻轻攀附在粗大而斑驳的树皮上，悄然生长，寻觅，向上，再向上。偶遇，生命之真，生命之美，赞叹不已。

"我从小就喜欢美术的。"女儿始终这样认为，也常这样介绍。这与西湖小学美术老师孙老师、杨老师的引导与关爱密不可分。

如今上了初中，依然是她的最爱，按她的说法是"成绩不太好，总得要有所爱好"。眼下，她还迷恋在手机"触漫"上制作漫画，既要关注粉丝的数目，又要应对处理各种纷争。

孩子亦如春日的片叶，总是在自我摸索挣扎中积极向上。作为我这样对学习关心很少的家长来说，对于孩子内在自发的任何有意义的选择与喜好，都应该给予更加外在的支持和帮助，无条件让孩子实现自己的喜好。

既然女儿喜欢画画，那就得全力支持她，帮助她寻找好老师。初步意向选择了浙工大的彭鲲老师，他也是我在浙图听讲座时认识的，有很深的理论功底，谦逊又热情，其油画体现出来的静穆与悠远，也很是难得。

每天放学回来，彼此之间还是有些交流的，不是特别多，但也能从她嘴里了解到各种各样的信息与进展。

"我们今天音乐课学习到拉德斯基进行曲了，老爸，这曲子我们曾经一起去小剧场听过，老师说，这首曲子讲述了这样一个故事。"

"最近，我们学习到了精子和卵子，同学们热议中，有很多笑话的。"

"老爸，我今天来月经了。"

"我先看一会儿新闻，这里的某某国，我们在地理课上学到过，属于亚热带气候。"

"我知道了！真烦。我已经长大了。"

在心里暗自对比，城乡长大的两代人，在童年经历上，竟然有着如此之大的差别。

要说女儿的学习，遇到的最大困难还是在数学上，上课听不太懂，回家以后不少题目不会做，又无处求教。因为我们家长也根本不会，看到数学题就心里发毛，实在是没办法。还有，从她的嘴里，我能很明显感到女儿对数学老师存在抵触情绪，这样一来，成绩自然是每况愈下，差不多都要居于全班末尾了。

这也不能责怪老师，问题当然是出在孩子和我们家长身上，其实这也是一个不是问题的问题。尽管如此，我依然坚信，孩子在将来必定会有一条属于她自己的路，只是这路在当下还很不确定。

我当过老师，深知老师对于一个孩子的重要性，一旦孩子对某个老师怀有抵触心理，往往就很难学好这门课程。孩子有个性，又任性，又爱闹小脾气，主动调适能力弱，改善的可能性不大，而要想寄托于老师调教，又不是一般老师所乐为的。

那还能怎么样？补习啊，尽管心里明明是不乐意的，但终究还是扛不住，这钱还得花。

现实，是残忍的。

误解与偏见，始终存在。真实也是偏见，也是残忍。

打小起，目不识丁的母亲，就常教导我们"做人要讲实话"。然而，有时说大实话，写大实话，虽真诚，却不动听，很难为他人所理解，甚至还落下话柄，自制麻烦。

不得不承认自己的笨愚，没有学会，也难以领会他人的言外之意，反而热爱于说实话，讲真话，写亦是如此。

社会就如同一杆大秤，一下子就能称出你几斤几两。我适合做什么？人是要有自知的。

实话，真话，假话，这样话就有三类，这也足见中华文化之博大与精深。

读《论语》，常会冒出这样疑问来。《论语》不仅提倡仁、义、礼、智、信，而且提倡行知合一，学而时习之。若是按此思路读下去，却又置身于与此相反的环境里，那岂不是与众不同，自讨没趣，自寻烦恼。如此看来，这也真是绝非我等凡人所能为的。毕竟口头说说的多，真实去做的少。

"循性而动，各附所安。"

2017年2月28日于杭州曲荷巷18号

记桐庐荻浦村图书馆

今天，应邀去桐庐荻浦村开讲座，那是因为，村里有个图书馆。当然，也还因为这是杭州文一街小学秀水校区五(1)班家长的再次约请。

两年前的6月(2014年6月15日)，也是应他们之约，在杭州的有间书房有过一面之缘，那是我的第3场讲座。

转眼间，孩子们从二(1)班升到了五(1)班，而我的百场讲座也推进到了第44场。

短短人生，两次相逢，甚是难得，倍感珍惜，爽然应约。此行，还特意展示了当年的合影，并约请他们再按当年顺序排列留念。

荻浦之行，我是冲着图书馆而去的。

特意向图书馆赠了自己的两本书，一并签名，标注日期，留存馆里。我也来自乡村，心里也清楚，这样的两本书，必将会在某个不起眼角落慢慢尘封，静静等待，等待开启她的人。

或许这辈子，就这样默然了，如同你我。其实，不要多的，只要有一个，合适的，就足矣了。这不是宽慰，而是事实，我乐意接纳。

对于图书馆，我情有独钟，有如恩师。数十年来，从庆元图书馆，到丽水图书馆和丽水学院图书馆，再到杭州图书馆与浙图，一路相随，受益良多，无须言语，铭记在心。就在此行的前一天，我又在浙图听了两场讲座，若未有此行，百分之百又是在那里。百场讲座始发于杭少图，又曾到达过偏远海岛嵊泗图书馆，亦去过国内首个县级馆、如今一流的海宁图书馆，还到过省内首家民办的三门有为图书馆，借台交流，广结善缘，收益多多。

受益于图书馆，唯恐无以回报。总之，不论是过去，还是现在和将来，只要有图书馆需要我，我都乐意去，应该去，也必须去。

去图书馆有什么好呢？如果仅仅是理解为去读书，学习，听讲座，那就简单肤浅了，要我说，主要是为了去采纳书卷之灵气的。

荻浦之行，我就是冲着图书馆而去的。

我也常在想：一个人活着总是要为别人或社会做点什么？这与高尚无关，仅仅是个人之乐意。

今年4月开张的荻浦村图书馆，古色古香，楼上楼下，简简单单，一目了然。我在心里暗自对照，竟发现与我有着几分的相似。在通往二楼的楼道上，有一个募捐爱心墙，密密麻麻，处处皆爱心，人人有力量。相比较而言，自己就渺小而无为多了。

在村里还能有这样的专设图书馆，着实不易，我心里想来竟然很是羡慕和赞许，因为，我也来自乡村。

在村里设个图书馆，还不太难，但要正常运营起来，好好活下去，又谈何容易？此时在我的脑子，竟然闪现出"君子坦荡荡，小人长戚戚"十个大字来。

一个图书馆对一个地方有什么用处呢？我常常凝想，并试图佐证。上月海宁图书馆之行，令我悟然。海宁之所以能有王国维、徐志摩、金庸等令人仰止的名人大咖，我在图书馆那里就很容易得到答案，更能窥见地方文化土层的深厚与肥沃。当日，我曾感慨并断言，在不久的将来，这样的土地上，必将又会长出一株或几株参天大树。

荻浦之行，我就是冲着图书馆而去的。

短短半天里，我只初略体味了下荻浦的孝义文化和人为风景。在荻浦图书馆，我还偶遇了四位荻浦人，两男两女，两大两小，都是地道本地人。

一位叫申屠梅祥的老人，今年63岁，是我们的义务导游，戴副眼镜，头发花白，对荻浦村的历史如数家珍。

一个叫吴倩元的女人，她是图书馆仅有的一名专职管理员，也是位5岁孩子的年轻妈妈。她说，自己现在只要一见到陌生人，就紧张得说不出话来，希望以后能好一点儿。

还有两个可爱的小孩，一个叫申屠艾佳，今年上五年级，她是村小学仅有的8位学生之一，也是图书馆的长期志愿者之一，这些是我事后才打听到的。她此前在台上表现自如，出口成章，给我留下了很深的印象。还有一个男孩子，名字记不得了，也在上五年级，他每天早上六点就在村小候车，去镇上念书。烈日下，是他领着我，把迷宫样的荻浦给绕了个遍，一路上叽叽喳喳，对村史也知晓一二。他说，这是今年暑假在村图书馆里学的。

荻浦村能有图书馆，还是活得好好的，尽管很小，也很普通，却悠远而耐读，令我很是羡慕。

这个年，有意义

"你别去，庆元，实在太远。"在杭州，我时常会这样劝说那些提及并想去庆元的好友。对此，我是认真的，也是真诚的，更是友善的。当然，我也是好客的。

这是事实，庆元距杭州近500公里，6个多小时车程，即便是先坐动车至丽水再换乘，也需用上大半日，这在当下，绝非一般人所能接受的。

即便庆元的风景再美，空气再优，溪水再清，道路再宽，面对空间距离存在的事实，不仅需要有毅力，更加需要有勇气，而这两者，又非一般人所皆备的。

如不去，远远的，想一想，也是挺美的。

别人随便找个借口便可以不去，而我却不能，必须年年去，因为，那是生养我的地方，有我深爱着的人。

回家，是不需要任何的理由与借口的。尽管来回奔波，旅途就要花掉我假期的三分之一，我也依然要前往。

感恩的方式是多种多样的，每个人也不一样。我正试图以我独特而又力所能及的方式来进行，以期能为家乡做点什么，比如在今年的大年三十晚上组织大家一起来读书，以此来感恩我的家乡，感恩我的乡亲。或许，这在一般人看来，会有那么一点点的不同，但没想到能得到大家的赞许与支持。

其实，从到家后，在与乡亲们张罗场地、悬挂横幅的过程中，随着整个活动的顺利进行，我很明显地感受到乡亲们的支持与赞许。

净手、授书、拜祖、诵读、感言……2017年1月27日，农历大年三十晚上7点，全村男女老少齐聚一堂，举行了一场仪式感十足的"迎新年，诵《论语》，崇读书"助学活动。这个活动由同村泥水名匠郑世飞倡议发起，他还捐资1万元，专门用于成立助学基金，以定向奖励孩子们读书求学，按每人大学500元、高中300元、初中200元、小学100元的标准发放。

短短近一小时集结，仅仅是一种引领，意在一种指向，利在将来，这犹如种下一颗种子，以期将来有一天能长成参天大树。我从孩子发表感言时激动的热泪里，从外甥与侄女第二天随口而出的"学而时习之"中，以及侄女郑子夜"叔叔我开始写小说了，到时候写完了你能帮我出版吗？"的留言里，读到了一种积极向上的力量，尽管还极其微弱，但深远而有力，不可小视。

不过，女儿对于这个活动的反应却有些不一样。她并没有当众上前领红包，而是选择了沉默与放弃。按她事后的说法，是"不想上去被你当猴耍"。

这个年，我过得特别有意义，找到了一种从未有过的存在感、力量感、归宿感，这恐怕也只有在老家这样特定的地方，才能体验到吧。

如此不可多得的遇见，还发生在县城的"遇见—石龙街茶馆"里。尽管太匆匆，但我们还是在2月1日正月初五早上遇见了。在县城街道边，在一个没有任何明显指示标牌的旮旯茶舍里，我遇见一群庆元当地的文化主角和中坚力量，这是由县委宣传部毛茂丰先生牵头的小聚会。此外，还有赵剑芳、吴永德、吴大兴、胡菲红等老朋友。

显然，他们才是庆元文化未来传承与发展的优秀火种，只有先点亮他们，才能让他们来照亮和引领别人。

在不久前，我萌生了一个简单的想法——对家乡定向实施"文化引流"项目。我作为中间架管人，在杭州与庆元之间架设一根小水管，将这里人才的先进学习理念，一点点引流到偏远的家乡，以使一方润泽受益。不想，此举很快得到毛茂丰先生的响应，并很快促成了此次地接交流，确定了今年的几个小目标。

的确，去偏远的庆元，是需要有些情怀和浩然之气的，绝非一般人乐意为之。对此，我早有思想准备，能动员一个是一个，能做多少算多少，尽力而为，不设高要求和目标。当然，所有这些，也都是我乐意的，不求回报，只是感恩。

　　顾大朋先生是我必须请的。即将去援疆的她很爽快地答应了,并初定在今年6月成行。对此,大家都希望她能讲讲以下三个话题:①宋庆元年间的事(庆元设立);②胡纮故事(墓志铭涉及的历史事件);③中国古代科举制度中的进士(庆元有个进士村——大济村)。

　　显然,大家给顾大朋先生定的题,对庆元而言确实针对性强,也很实用,但我希望还能引去一些看起来似乎无用却能左右生命存在的内容,比如美术、文学、音乐、国学等,这些也是庆元极为稀缺、特别需要的。

　　事实上,当你下定决心要做点有意义的事,而非为追求私利,并没有想的那么难,只要用心试着去做,也就这样做起来了。

　　总之,在这个年里,不仅吃吃喝喝,还能为家乡做点事,我感觉特别有意义,也特别满足和开心,非同一般,值得记录。

　　　　　　　　　　　　2017年2月4日于杭州市曲荷巷18号

文化引流

想想，这个时代，活着也着实不易，就连时时呼吸的空气，刻刻喝的水，也要过滤了。毋庸置疑，要想活得好，那就难上加难了。想要逃离，却被绑定。我等普通人，唯有一声叹息。

想想，不论如何，活着是必须的。为此，要寻找各种理由和机会，让各类爱好占据大脑，让内心丰润葱茏，排斥多样的不快，使消极无处可居。

想想，身在杭城，是幸福的。午间茶歇，绿茶喝遍：西湖龙井，黄山毛峰，开化龙顶，安吉白茶，碧螺春，径山茶……中午能品各种绿茗，还能听高级评茶员刘克燕老师分享"绿茶的品鉴"。如此免费文化大餐，每周三都有，省直机关"午间正能量"都会推出系列茶道文化讲座。来喝茶的，也就六七人，较为固定。

或许是时下的人们早已习惯用金钱来衡量好坏,并形成"花了钱,得珍惜""贵的就是好"定势思维,抑或是过于浮躁的心,让他们无法停下来喝杯茶,甚至一丝念头和想法都没有。当然,也有可能是兴趣点不在这儿,或者已经装满了。

这类公共免费项目向来既不叫好,也不叫座。弥陀山茶文化讲座如此,浙图讲座也这样。我却不然,有点饥不择食,只要有时间就坚持去,还很乐意。在我个人看来,这样的文化活动,还是人少些更好,既不必为位置而发愁,也能保证喝到茶,更能喝足、喝好、喝深。

但凡是自我内心真心想要的,便会主动去争取,努力去学习,且能事半功倍,反之则不然。只要自己想学,那就简单了,也必定会成功。

我来自庆元大山,没见过什么世面,读的书少之又少,可以说是脑子一片空白,因而,对什么都感到好奇兴趣,如饥似渴。只是天生愚笨,过目便忘,去听听,来读读,无非就是想勉强把时间和生命浪费在学习上,以求得自我心安,仅此而已。

确实如此,在进杭城之前,我如同一张白纸。但在听了各种讲座后,开始慢慢喜欢上各样陌生的东西来。比如,在弥陀山听了系列的茶道课,又在同事季水有先生地道龙井茶与山泉水的诱引下,开始喜欢上了茶文化。而至今坚持诵读传统国学,则是在浙图听了吴永明先生系列讲座,以及现今在杭州国画院跟顾大朋先生诵读后开始迷恋上的。最有意思的是龙泉青瓷了,就在老家隔壁,在来杭前只知皮毛,但后来在杭州古玩城季盛和同学的引领下，开始愈加地喜爱。此外，还有就是对戏剧、交响乐等的喜欢，都缘于来杭后在联谊俱乐部现场感受接触后，才慢慢喜欢上的。

总而言之，现今我对各种文化的喜爱，皆是因为来杭州以后，在过去的短短四五年里，有时间有条件近距离去接触了解，并从各领域里的文化高人身上体会到文化的魅力，才开始慢慢喜欢上的。

事实上，很多知识学来，对我个人而言是"无用"的，纯粹是玩的，是兴趣，既然如此，也就不挑不拣，全盘接收了。然而，恰恰是这些"无用"的东西，陪我走出"空降"杭州后的孤寂，令我坚强，渡过难关，战胜各种不快。

俗话说得好，"师傅领进门，修行靠个人"。杭州作为省会城市，人才荟萃，最不缺的，便是各行各业的引路人，不论哪个行业，皆能找到奔跑在最前面的领头人。

当我驻停在西湖畔，五年之后，再来审视我深爱的家乡庆元时，才猛然发现，县城与省城的最大区别，就在于县城缺少各种各样的引路人。当然，庆元的蓝天白云、绿水青山及新鲜空气，又是杭州无法企及的。

如果把杭州比作一个大水缸，那么庆元便是一个小水缸。若是能在这两者之间接上管，哪怕是细小的一根也好，将杭州文化引流至庆元这类偏远县城，若能源远流长，必将泽被一方。

我常坐在台下当听众，深知这其中的好，很想试试，将台上的高人请回老家庆元，让山里人也能从文化正脉来学习，去思考，这样便能少走很多弯路。

为此，我决定把博库微店给坚持下去，把赚来的钱原封不动放着，作为

"文学梦"基金,尽管利润仅5%—10%,至今日仅有533.28元,但相信积少成多,是能成点好事的。这笔钱专门用于请些文化高人回庆元开讲座,以此来带动一批文人,也能为贫瘠的地方文化添点土,增点肥,期待将来长出几株文化巨树。特别是在等日后新图书馆建成以后,基金或许能派上用场。

近日,欣闻老家庆元双枪公司的郑承烈先生已经开始着手做这类的文化讲座公益行动了。

不想,想法一出,即得到顾大朋先生的响应与支持,她当场表示,愿意赞助100册《论语》,并乐意前去现场讲授。这事很快得到庆元县委宣传部常务副部长毛茂丰先生的响应,并有望在2017年成行。

还有一点,从我这四五年与众多台上的文化高人的接触来看,发现但凡在文化上有建树的,都是热心肠的大好人,只要有舞台,有需要,又有时间,他们非常乐意站上讲台与他人进行无保留的交流与分享,以为这个社会和他人做点实事。

文化引流回乡这件事,我有兴趣,想试一试,能做多少算多少吧。这也更加坚定了我把2017年的新书首发放在家乡的决心,期望也能起到引领作用,哪怕是一点点也好的。

其实,若家乡庆元山青水秀,再加上文韵丰足,哪怕偏居一隅,也是大美哉。

2017年1月4日于杭州市曲荷巷18号

"文化引流"的几点建议

庆元偏居一隅，近年来经济发展飞速，着实令人欣慰。但庆元偏远，文化土层浅薄，周边辐射有限，需引起高度关注，早日将"文化引流"工程提上议事日程，并尽快付诸实施，以借智发展，持之以恒，累厚土层，润泽子孙。

具体建议如下：

一、尽早启动实施"文化引流"工程。将"文化引流"工程(一年一主题)列为政府年度惠民实事，与"浙商(庆商)回归"并重齐驱，成为铸就"庆元铁军"软实力的重要战略新抓手。争取列入"十四五"规划，常抓不懈，持之以恒，坚持十年、二十年，到永远。届时，庆元山青水秀，再加上文韵丰足，哪怕偏居一隅，必将大美，独具特色。

二、设立"文化引流"工程专项基金。由财政拨付与民间捐赠结合，定向用于引进外地文化人士做讲座和开展各种文化引流活动，同时用于鼓励资助当地文化人士深入对接研究、交流、著书出版。

三、依托庆元籍在外的各种高级人才和他们的人脉资源，持续深入开展"文化引流"工程，邀请各地知名学者、专业人才不定期到庆元来讲学交流，扩大庆元民众视野，拓宽思维角度，同时，也让外地学者深入研究了解庆元，宣传庆元。在杭州、上海、北京等庆元籍人士主要聚集地，由热心人牵头设立"文化引流"联络对接点，负责物色合适的人引流对象。

四、建立"文化引流"工程年度（月度）实施计划。就庆元方言、胡竑文化、香菇文化、廊桥文化、进士文化、生态多样性文化、青瓷文化等庆元特色文化主题，主动对接国内高校专业学者，开设"庆元文化系列讲座"深入详解，做深讲透，提前谋划，按月邀约，有序进行，电视网站同步录播，并结集成册出版发行。

五、搭建平台，鼓励当地各行各业的行家里手走上讲台分享经验，以讲促学，以学促讲，在传承中培养，并带动本地文化中坚力量的成长。比如方言、冷杉、廊桥、香菇等方面的本土专家，年事已高，急需传承。

六、定期向市民免费开放各种文化讲座。整合依托现有的县委党校、图书新馆、少年宫、"濠州讲坛"、新华书店等公共文化资源，依托其上级直属部门的丰富人才师资优势，不定期开展各类文化讲座（包括美术、音乐、文学、教育等）交流活动，固定场所，免费开放，鼓励市民参加。

七、组织外出考察学习"文化引流"工程。可考察省内的海宁图书馆（国有公立)、三门有为图书馆(民营,由外出三门人捐建)、浙江图书馆、杭州图书馆等地的文化普及工程及经验。

2017年2月5日于杭州市曲荷巷18号

微小首发

　　我想，这应该是个适合又恰当的选择——将新书《作文PK，谁怕谁》首发式放在家乡庆元举行，时间定在2017年4月23日"世界读书日"这一天。

　　这一天对于我而言很有纪念意义，非同寻常。无独有偶，去年也是"世界读书日"这一天，我在青岛公开呼吁：希望这一天，也能是个全民写作日。

　　此前虽已出版过两本书，但从来没搞过什么首发式。2015年出版《作文，我们都不怕》时，虽有过组织孩子首发的念头，但终未能去实施，一来感觉过于烦琐，没有必要，二来觉得时机不够成熟，暂且放一放。

　　事实上，早在2017年3月8日签下新书合同之前，我就有了办首发式的念头。并在今年正月初五，在庆元遇见石龙街茶馆里与毛茂丰、范正欢等人聊及"文化引流"等话题时提过，不想，这一念头立即得到他们的响应与支持，并很快促进，因此我心中甚为感激、欣喜。

既然新书要在我的家乡"中国生态第一县——庆元"首发，那么书本的封面主色调，当然要选用"庆元蓝"。

正因为有了这样的想法，于是昨日便试着在刚刚才加入的庆元微信群里征集一张地道"庆元蓝"的标准色块，不想，立即得到诸多老乡的支持与响应，发来大量"蓝图"。

经过设计师挑选，我们决定以庆元人——叶松敏女士（庆元凯震地产）拍摄的"庆元蓝"照片作为设计的标准色。

在庆元首发，选用庆元人拍的"庆元蓝"作为书本主色调，这算是一件意料之外的喜事，也为这次庆元首发增添了一点不可多得的庆元元素。

最近，从家乡庆元传来诸多有关文化活动的好消息，真可谓是接二连三，颇令人欣慰。

就在今天（2017年3月14日）下午，中共庆元县委宣传部、庆元县文化广电新闻出版局、庆元县社会科学界联合会还正式下发了《关于印发〈2017年庆元县"推进全民阅读、共建书香庆元"系列文化活动实施方案〉的通知》（庆宣[2017]10号），其中第一条便是"实施'文化引智'工程"。

这一提法，便是今年2月1日下午，我们一行人共同聊及"文化引流"工程的优化升级版。如此短的时间内便能有如此成效，我也颇感惊喜和意外。庆元的开放包容、良好互动，也更增强了我的信心和决心。

此外，还从网上观看到双枪竹木郑承烈先生的讲座直播，欣闻该企业正将文化品牌"新天地"对庆元市民开放，组织读书会、展览、讲座等。不仅如此，庆元新华书店、古村落之友等也相继开展各种读书文化活动。

说说容易，做做挺难。如今家乡能如此高度重视文化，并立即付诸行动，实是家乡人民之福祉。

我坚信，不久的将来，在家乡这块现今看起来偏远又贫瘠的土地上，必然会长出参天的文化大树，成片成林。当然，这还需要很长时间，甚至是几代人的努力，更加需要文化持久的浸润与滋养。

相比较而言，我这样一个首发式的力量是极其微小的。权当用以表达对家乡的感激之情，勉强算是为家乡文化层添点土吧。

此行，还会组织十多名来自全省各地的小作者和他们的家长同行，旨在让大家认识一下庆元，带动和影响一下家乡孩子们的写作热情，以期让更多孩子心怀文学梦。这些远道而来的小作者和朋友，才是首发式的真正主角。同时，我也将带去自己的一场讲座——也是百场讲座计划的第51场。然后，再组织一场庆元特色美食的现场作文PK赛，看看能不能收集点好材料，以备将来为家乡出本别样的美食集。

此次能回到生养我的家乡，办个极其微小的首发式，以尽点绵薄之力，这在我个人看来，也是此生很有纪念意义的大好事。

期待这一天的到来。

2017年3月14日于杭州市曲荷巷18号

梦 想

　　每个人都有梦想，而人们，总是喜欢把梦想挂得好高。而正是因为敢"梦"，所以更敢"想"。

　　小孩子的梦想总是千奇百怪，他们有的想开小卖部，有的想卖冰激凌，一大部分男孩子，长大想开火车。

　　小时候，我的梦想是当书店员工，可当我和大家分享时，他们却又好气又好笑地说："笨蛋，梦想一定是要伟大的，比如某某家之类的。"为了不被笑话，我嘴上改变了梦想，可我的内心，仍藏着一个小小的梦想。

　　你还记得自己最初的梦想吗？

　　科学家，作家，音乐家，火车司机，还是超人？

　　后来，你长大了，还会想起童年那单纯而稚嫩的梦想吗？也许那时，你

想当一名老师，而后来，你却成了一名普通工作者；也许那时，你的梦想是当一名歌唱家，而后来，你却成为一个忙碌于家务的主妇。

　　我们一路小跑地长大，成人，忙碌的每一天，让我们没有办法停下来回味这一路的风景。

　　每个人的成长中，总会得到一些东西，也会失去一些东西，那天初晴，我回到小时候的地方，发现那个我们一起打羽毛球的球场已成了停车场。

　　小时候，我一直不明白，读初中高中的大姐姐为什么每一天都要穿校服，自己的衣服不是更好看吗？

　　后来，当我穿上初中校服的那一天，我忽然明白了很多。

　　再见了，书店员工紫瑞。

　　感谢你，让我学会了一边成长，一边坚强。

杭州市十五中学初二(10)班　郑紫瑞

2017 年 12 月 16 日

后 记

遗憾，遍地阅读推广人，百度却无一写作推广人。我想试试，二合一，方为上。

因为，我始终坚信，人人都会写，每个人都有写作的天赋。

阅读与写作，就如人的两脚，是缺一不可的。中国特有的文字之美，除了要在读、学中去感知，更加需要在写、用中来深化。否则，任何的推广，都是残缺的。

不会写，或者怕写，其实是一种误区。然而，却极为普遍，甚至代代相传，急需扭转和改变。2017年6月4日，我曾在浙江龙泉西新小学三年级段家长中做过两个小调查，在169名家长听众中，当问及"小时候读书时，是否怕作文"时，表示"不怕"的仅有3人。而在问及"是否带孩子去过图书馆"

时,几乎所有人都举手示意,但当再问及"是否经常带孩子去图书馆"时,举手示意的仅有5人。

带上孩子,去图书馆,还是远远不够的,最好还要努力试着将所思所想给一一写出来,并且忽视所谓的"好与不好"。我想试试。

自2011年来杭后,常去浙图六年,出版六册书。从"父女作文PK赛",到"大家的PK赛",再到"文学梦",以及2016年"世界读书日"在山东青岛首次公开呼吁,读书日更是全民写作日,等等,一切皆因试图努力能改变点什么,尽管力量很小,速度很慢,成效极其微弱,但我还是想试试。

期待,写作之美学,能早日普及推广,并呈现生态多样性。

当然,除了去图书馆,还有博物馆、美术馆、国画院、书店等等,去不仅仅是为读书求知,更是为了去做个深呼吸,多吸一点书卷气。

回望的刹那,真被自己给感动了。期待,也能感动别人,哪怕是一点点也好的。

感谢浙江图书馆储树青馆长与浙江外国语学院顾大朋先生欣然应允为此书作序。细思量,由他们作序是妥帖的、合适的。这也是首次麻烦人家作序。

感谢巧遇浙江工商大学出版社,感谢家人一路支持,感谢大家默默关注。

不足,是必然的,望海涵。

周大彬

2017年9月15日